走近普京

王晓伟 著

中国言实出版社

图书在版编目（CIP）数据

走近普京 / 王晓伟著. -- 北京：中国言实出版社，2019.5
　ISBN 978-7-5171-3138-0

　Ⅰ.①走… Ⅱ.①王… Ⅲ.①普京（Putin，Vladimir 1952-）—人物研究 Ⅳ.①K835.127=6

中国版本图书馆CIP数据核字（2019）第084230

出 版 人：王昕朋
总 监 制：朱艳华
责任编辑：张　丽
责任校对：丰雪飞
责任印制：佟贵兆
封面设计：水岸风

出版发行　**中国言实出版社**
　　地　址：北京市朝阳区北苑路180号加利大厦5号楼105室
　　邮　编：100101
　　编辑部：北京市海淀区北太平庄路甲1号
　　邮　编：100088
　　电　话：64924853（总编室）　64924716（发行部）
　　网　址：www.zgyscbs.cn
　　E-mail：zgyscbs@263.net

经　　销　新华书店
印　　刷　北京温林源印刷有限公司
版　　次　2019年7月第1版　2019年7月第1次印刷
规　　格　710毫米×1000毫米　1/16　13.25印张
字　　数　160千字
定　　价　39.00元　ISBN 978-7-5171-3138-0

普京这20年

1999年，一位来自圣彼得堡的前克格勃军官普京开始进入公众视野，在进入21世纪的前一天，他从时任俄罗斯总统叶利钦手中接过象征总统权力的核按钮——黑匣子。叶利钦同时从身上拿出一支粗粗的黑色签字笔交给他，只说了一句话："你一定要珍爱俄罗斯！"① 当时俄罗斯主流媒体讨论的话题主要就是"谁是普京"，"这个新人会给俄罗斯带来什么呢"。

苏联解体后，俄罗斯在西方的怂恿下进行了休克疗法式的改革和激进式的社会转型，付出了巨大的社会成本，超级大国地位不复存在。普京从叶利钦手里接过的是一个千疮百孔的烂摊子，寡头干政、经济滑坡、社会问题突出、国际地位大幅下降。但普京执政近20年以来，俄罗斯的各个领域确实发生了翻天覆地的变化。

政治上，普京一直致力于复兴俄罗斯的超级大国地位。即便他曾在就任总统的前一年半的时间内面对过更换五位总理的窘境，这位"铁腕总统"仍以稳健、务实和果敢的施政风格化解了一次次政治危机。无论是加强联邦中央政府权力还是打击金融寡头，他所实施的行政改革都成功实现了新俄罗斯政局的基本稳定。在两任总统任期后，在尊重宪法的

---

① 该说法虽广为流行，但笔者并未从当时的影像资料和相关文献中得到确切印证。

情况下，他采取了与梅德韦杰夫"王车易位"的形式，继续居于俄罗斯权力中心。在现有宪法的框架下，与梅德韦杰夫组成的"梅普组合"理论上可以执掌俄罗斯最高权力到2036年。①

经济上，在西方连续加码的制裁下，2017年俄罗斯顽强顶住压力，实施了针对性很强的反制裁政策，如降低通货膨胀率、平衡预算、优化投资环境等，主要经济指标出现了积极的变化，实现了恢复性增长。根据俄罗斯中央银行的数据，俄罗斯2017年的经济增长率为1.5%，而石油和天然气更成为提振其经济快速发展的原动力。2017年成为小麦出口量世界第一的国家，让那些天天说俄罗斯人吃不上饭的人哑口无言。

发展军事被普京视为展现爱国主义的重要方式。花费巨资发展军力的俄罗斯正成为令人敬畏的新军事强国。强大的军事实力和日益明显的海外部署意愿，都使俄罗斯在国际舞台上频频以军事强国的形象出现。俄罗斯虽然加强军事投入，但避免财力不对称情况下的"军备竞赛"，以不同的军事发展理念保持了对美国军事上的制衡，特别是在战略核武器、外空武器及潜射等多种导弹方面还保持一定的优势，在与美国为首的"国际反恐联盟"的争斗中占据上风，沉重打击了恐怖组织"伊斯兰国"。

外交上，普京意图使俄罗斯摆脱国际地位滑坡的颓势，着力拓展外交空间，维护本国利益。频频对外干涉、发动局部战争，以及与美国、北约进行对峙都表明普京政府外交政策的强硬立场。果断"收回"克里米亚，逆势介入中东，成功解救了危难之中的叙利亚阿萨德政权，夯实了俄叙同盟，保证了俄罗斯在黑海的战略利益。同时，普京也重视亚洲事务，希望利用自身条件，与中国、印度建立经济合作关系，借机实现转型，摆脱西方制裁。

---

① 俄罗斯第三任总统德米特里·阿纳托利耶维奇·梅德韦杰夫2008年12月30日签署宪法修正案，延长总统任期与国家杜马任期，总统任期由四年延至六年，国家杜马任期由四年延至五年。笔者关于"梅普组合"的观点（2009）在初期受到学界质疑后得到实践的印证，并由此受邀在清华大学、北京大学等多家单位做相关讲座。

苏联解体后,俄罗斯千疮百孔,国际地位迅速下滑,而普京的这些成绩一定程度上恢复了俄罗斯的"自尊心",且已三次当选总统的普京某种程度上成了俄罗斯国家的象征,无论内政还是外交都深得民心。

2017年12月6日,一直避而不谈参选问题的普京突然明确表示,自己将参加2018年俄罗斯总统选举。根据俄中央选举委员会2018年2月8日发布的公告,终审核定8名竞选人为总统候选人,其中包括俄现任总统普京、俄罗斯联邦共产党推荐的格鲁季宁、俄自由民主党主席日里诺夫斯基、俄知名电视节目主持人索布恰克等人。根据全俄舆论研究中心最近公布的总统竞选人支持率排名显示,名列榜首的普京支持率为69.9%,排在第二位的格鲁季宁支持率为7.2%。俄各界普遍认为,普京宣布参选意味着2018年总统选举结果已没有悬念。真正值得关注的悬念变成了大选之后俄罗斯现状将如何得以改善。

2018年普京65岁,对于大国领导人来说正值"黄金时期",如果竞选成功,这可能是普京最后的一个总统任期,普京会对其执政团队进行较大规模的改组,以补充新鲜血液。俄罗斯必将在军事、外交领域力图有更多的作为。长期以来,俄罗斯过度依赖能源出口的畸形经济结构严重制约了其经济发展,这也被反对派批评为"普京政绩的短板",如果这个"长期的顽疾"能够得到解决,普京的政治地位必将得到加强,不过,这一难题也是普京将面临的最大挑战之一。普京是否可以像他最尊敬的俄罗斯最杰出的皇帝彼得大帝那样给俄罗斯留下深深的烙印?我们拭目以待。

王晓伟

2018年2月

目录 >>>

第 1 篇 "孤独"的竞选者，真正的对手是谁

2018 年是俄罗斯的大选年，普京已正式宣布"我将申请参加新一届俄罗斯联邦总统选举"，普京再当 6 年总统的可能性有多大？"给我 20 年，还你一个奇迹般的俄罗斯！"普京主政近 20 年，诺言实现了吗？

普京是谁的"铁粉" / 3

普京多面"亮剑"，俄罗斯还能坚持多久 / 12

2018，普京是走是留 / 15

硬汉也会老，久明会是普京的接班人吗 / 18

20 年还你一个强大的俄罗斯，普京主政 18 年兑现了吗 / 20

2018 俄罗斯谜团：普京再当 6 年总统？极有可能 / 25

20 年强国梦落空，为何普京仍是俄罗斯最合适总统人选 / 29

解读普京连线：主旨与犹抱琵琶半遮面 / 32

普京和美女总统参选人 / 35

"孤独"的竞选者,真正的对手是谁 / 37

普京在俄国防部讲话:俄军下一个目标是谁 / 41

普京下冰湖,展示的不仅仅是健硕的肌肉 / 45

第2篇 "战斗民族"的"战斗范儿"

普京的"没实力的愤怒毫无意义""不准备动武,就别拿起武器""领土问题没有谈判,只有战争""我们疆土确实很大,可没一寸是多余的"等豪言折射出了普京外交的强硬风格,可你知道现实中他是如何"刚柔并济"的吗?

论道G20:俄罗斯眼中的G20 / 51

相似的"特""普"二人能使美俄进入"蜜月期"吗 / 54

俄罗斯会重启古巴军事基地吗 / 58

普京国情咨文的四大特点及透露的俄罗斯内政外交关系 / 61

俄驻土大使被刺杀,普京应该报复谁 / 64

俄大使被刺,促解中东乱局 / 67

奥巴马最后的杀威棒到底打倒了谁 / 81

解读俄罗斯外交新变化 / 84

特朗普时代,美国要联俄压中吗 / 89

普京突见蒂勒森折射出什么 / 94

特朗普和普京老约不上,啥原因 / 96

终于要见面了,"双普"结束"网恋"走向"线下" / 98

元首会晤为中俄关系注入强大动力 / 101

"习普"会晤成果丰硕 / 104

"双普"首会闭门长谈,谈什么 / 107

俄美领导人的第一次会面"外冷内热" / 110

俄美"互怼":俄查封美驻俄两处设施并建议美削减驻俄人员 / 112

俄美斗法加剧,短期内双方关系难转暖 / 114

金砖组织有助于俄罗斯经济恢复 / 116

俄罗斯为什么增兵北极 / 118

埃尔多安回访,土耳其"押宝"俄罗斯 / 121

俄罗斯为何撤军叙利亚 / 123

第3篇 俄罗斯问题研究

2000年,笔者开始在莫斯科大学求学,这也正好是普京进入公众视野的开始。19年来,笔者坚持对俄罗斯政治文化生态跟踪研究,不敢懈怠,撰写了大量文章,如俄罗斯"梅普体制"的形成与发展、俄罗斯的国家战略体系和能力评析,并对2018年俄罗斯总统大选后的走向进行了大胆预判。

俄罗斯"梅普体制"的形成与发展走向 / 127

俄罗斯在乌克兰冲突中的危机决策研究 / 145

特朗普当选美国总统后俄罗斯对外政策走向展望 / 158

命运多舛的俄罗斯航母计划还会重振雄风吗 / 174

俄罗斯的国家战略体系和能力评析 / 179

我所认识的中俄民族性格 / 185

2018大选后,俄罗斯走向何方 / 190

附录:关于"梅普组合"巡回演讲那些事 / 192

后记 / 199

第 1 篇
"孤独"的竞选者,真正的对手是谁

  2018年是俄罗斯的大选年,普京已正式宣布"我将申请参加新一届俄罗斯联邦总统选举",普京再当6年总统的可能性有多大?"给我20年,还你一个奇迹般的俄罗斯!"普京主政近20年,诺言实现了吗?

普京是谁的"铁粉"

2018年1月

很多人知道俄罗斯总统普京在全世界拥有众多粉丝，有一首流行甚广的歌叫《嫁人就嫁普京这样的人》，足见普京的魅力。可你知道吗？普京也有偶像，他的总统办公室里就悬挂着偶像的画像。是什么样的人能让普京成为他的铁杆粉丝呢？这个人就是彼得大帝。

彼得大帝，是后世对彼得一世的尊称。他可是个名副其实的"高富帅"：他是世界上迄今为止身材最高的皇帝，比NBA著名球星迈克尔·乔丹还要高出6厘米，达到2.04米；作为俄国沙皇，"普天之下莫非王土，率土之滨莫非王臣"，富是不言而喻的；从彼得大帝的画像看，他相貌非凡，仪表堂堂，可以说是颜值爆表。但，能让普京成为他的"铁粉"，满世界给他"刷流量"，可不是因为他是个"高富帅"，而是因为彼得大帝是俄罗斯历史上最伟大的帝王，他为俄罗斯的发展立下无人能及的赫赫战功，让一个愚昧落后的农奴制国家一跃成为世界强国之一，将俄国带入一个全新的时期。彼得在位期间，发展工业，支持贸易、文化、教育和科研事业；兴建城市，普京的故乡圣彼得堡，就是在彼得大帝亲自监工、设计下建立起来的；改革军事，建立正规的陆海军，加强中央集权制；拓土开疆，将波罗的海出海口纳入俄国版图。可以说，近代俄国的政治、经济、文化、教育、科技等方面的发展无不源于彼得大帝时代。即使在当代的俄罗斯仍然可以看到很多从彼得大帝时代传承下来的印记。下文分享的是笔者在中央电视台社会与法频道《法律讲堂》（文史版）录制的《彼得大帝》第一集的内容。

少年历凶险

彼得大帝的历史地位如此之高，但他登上皇位和掌握权力的过程却十分惊险坎坷，甚至多次险些丧命。那么，少年时代的彼得都经历了怎样的凶险呢？他又是如何应对的呢？今天我们就来讲一讲"少年当政，剪除摄政王"。

一、少年当政

彼得一世出生于1672年5月30日，也就是中国清朝的康熙十一年。他是沙皇阿列克谢·米哈伊洛维奇的第二个妻子娜塔莉·基里尔洛夫娜·纳雷什金娜所生。老沙皇在彼得4岁的时候就去世了，由他15岁的长子费多尔继承王位。可惜费多尔身体不好，体弱多病，21岁就去世了。由于费多尔没有子嗣，遗嘱要求传位于弟弟彼得，但即便如此，在王位继承上，老沙皇的两个妻子分属的两个家族之间还是展开了激烈的争斗。其中纳雷什金家族由彼得母亲纳雷什金娜皇后和一些亲信组成，要求遵照遗嘱，由彼得继位。米洛斯拉夫斯基家族由老沙皇第一个妻子米洛斯拉夫斯卡娅家族组成，支持彼得同父异母的兄长伊凡继位。

于是，皇室就召集了总教主、大贵族、高级僧侣、大商贾，甚至还有普通市民的代表，一起商议确立新沙皇的问题。按照正常的继位顺序，第一继位人不是彼得，而是伊凡。但伊凡继位却遭到了大多数代表的质疑和反对，这是为什么呢？原来，伊凡王子是个智力平庸的人，跟三国时期的后主刘禅（刘阿斗）属于一类，要说做个普通公务员还可以，但是要当国家主席，他就难当大任了。经过激烈争论，最终确定了10岁的彼得为新沙皇，称作彼得一世。由他的生母，娜塔莉·基里尔洛夫娜·纳雷什金娜摄政，也就是垂帘听政。

继位后的彼得从此就能顺风顺水地执掌沙皇俄国了吗？事实远不是这样，实际上他的磨难才刚刚开始。

二、童年剧变，被逐普村

彼得当了沙皇，有一个人对此是非常不满，这个人是谁呢？就是他同父异母的姐姐索菲娅公主。

索菲娅可不是一般的女人，她非常善于玩弄权术，阴险、狡诈，还是个大野心家。她是支持伊凡继位，反对彼得的。那就奇怪了，为什么要支持一个智力低下的人当沙皇呢？一个原因是伊凡是索菲娅的同胞弟弟，还有一个重要原因是，一个才能平庸的人执政，便于她在幕后操纵俄国政权。费多尔去世时，她就曾散布谣言，制造舆论说费多尔是被人毒死的。彼得一世继位后，索菲娅千方百计想把彼得一世赶下台。她都用了哪些招数呢？一个就是蛊惑人心，制造和散布彼得的负面言论，让一大批人对彼得一世及其支持者产生不满。第二个就是争取武装力量的支持。当时莫斯科最精良的武装力量就是射击军。这个射击军有多重要呢？它是首都莫斯科的卫戍部队，装备了当时最先进的火器，可以说谁掌握了射击军，谁就拥有了登上帝王宝座的阶梯。那索菲娅是如何拉拢射击军的呢？射击军的上层军官大部分出身贵族，他们对普通士兵非常苛刻，克扣军饷是常有的事儿，普通士兵的生活状况很差，不满情绪持续高涨。索菲娅利用了这一矛盾，散布言论说射击军生活困苦，主要是纳雷什金家族所造成的，让射击军对纳雷什金家族产生更深的不满和怨恨，而她趁机以恩惠拉拢，渐渐地，射击军就把索菲娅势力当成了自己的保护者和后台老板。

1682年的5月15日，射击军在索菲娅的操控下发动了政变。他们在莫斯科城制造谣言，说纳雷什金家族杀死了伊凡王子，以此为借口向克里姆林宫发起进攻。为了平息射击军愤怒的情绪，防止混乱的局势失控，贵族们和彼得的生母娜塔莉娅王后带着彼得和伊凡同时出现在射击军面前，试图证明伊凡王子安然无恙，但射击军铁定了要搞事，根本不予理睬，强行冲进宫廷，大肆杀戮。有很多老沙皇的亲信、政府要员，纳雷什金家族重要成员在杀戮中丧命。莫斯科城一片混乱，大量市民冲击国家机关，很多官员被杀或逃亡。纳雷什金家族遭受了重创，影响不复从前。年幼的彼得第一次亲眼看见了这样的血腥与残暴，心灵受到了巨大的冲击。

　　占据上风的射击军要求纳雷什金家族把伊凡和彼得同时宣布为沙皇。迫于压力，缙绅会议只得同意射击军的要求，宣布伊凡为第一沙皇，彼得为第二沙皇。由于两个沙皇年幼，确定由索菲娅公主摄政。这样，索菲娅成功地夺取了政权，成了真正掌控实权的"女皇"，从此开始了俄国历史上很罕见的"双沙皇"时期。

　　克里姆林宫为共同称帝的两位沙皇准备了双人宝座，两个沙皇有名无实，仅仅参加教堂的祷告，接见使节等活动。国家的内政外交大权由索菲娅及其势力集团牢牢控制着。到了后来，彼得和他的母亲被赶出了克里姆林宫，搬到了7公里以外的普列奥布拉任斯科耶村（以下简称为普村）过起了隐居生活。

三、少年初长成

　　几年以后，在首都郊外的莫斯科河上，经常有一艘大船在航行，船上有很多年轻的水手。这些水手有时像是在捕鱼，有时又像是在进行着队形演练。为首的少年身材高大，相貌俊朗。他是谁呢？没错，他就是彼得大帝，此时的彼得已经成长为一个17岁的翩翩少年了。

被驱逐出克里姆林宫的小沙皇彼得，为什么经常会在莫斯科河的船上呢？难道彼得放弃了沙皇的宝座，成为一名水手了吗？

这要从彼得到普村隐居后的生活说起。离开索菲娅掌控的彼得，有了充足的时间做自己感兴趣的事。现在十几岁的孩子，兴趣点一般也就是卡通动漫、升级打怪之类。彼得的兴趣可不一般，他对航海和造船产生了极大的兴趣，并且请来了荷兰的造船师和航海家做老师，在老师的指导下建造了一艘大船，并且经常进行水上演练。这就是彼得出现在莫斯科河上的原因。童年的爱好往往会在成年后产生深远影响。彼得对航海与造船的热情对他掌权后开疆拓土、打开出海口有着积极的影响。

除此之外，彼得还对算术、几何、建筑学感兴趣，是个学理工科的好苗子。他的动手能力非常强，特别喜欢干手工活儿，在他隐居的行宫里，石匠、木匠、铁匠的工具一应俱全，在彼得成年时，他已经掌握了12门手艺，特别是木工活和车工活，做得是尤为精细。

那仅仅靠造船和做手工活，就能重新夺回沙皇的权力吗？显然是不够的。大家都知道，清朝的康熙皇帝，少年执政，鳌拜当权，少年康熙表面游戏，实际训练少年摔跤团，最后智擒鳌拜，夺得大权。而同一时期的彼得大帝，好像与我们的康熙大帝，跨越万水千山产生了心灵感应。彼得对军事有着极大的兴趣和天分，并且自己组建了两个游戏兵团，普列奥布拉任斯科耶兵团和谢苗诺夫军团，军团成员都是和他年龄相仿的少年。普村广阔的天地给他提供了良好的场所，他在行宫周围修筑了带有炮塔的兵营、战壕，做军事游戏。并逐渐地悄悄配备了真刀真枪等武器装

备，经过长期的训练，这两个游戏兵团已经演变成了拥有真正的战斗力的兵团了。

四、二次政变，夺回皇权

随着彼得游戏兵团的不断壮大，不断有消息传到了索菲娅的耳朵，这让她感到了极大的威胁，于是她就产生了一个邪恶的想法，那就是杀死彼得，自己做"女皇"。

1689年7月8日，索菲娅公然和两个沙皇一同参加大教堂举行的宗教祭祀活动。而按照俄国当时的规定，女性是不可以参加这样的活动的，这是对神的大不敬，这是索菲娅对沙皇的挑衅。彼得怒不可遏，当面指责她说，"你是女人，应当立即退出"，可索菲娅根本不把彼得放在眼里。彼得非常气愤，当时却无可奈何，只得自己单身骑马退出了祭祀活动。当时在官方文件中出现了"索菲娅陛下"和"索菲娅大公"这样的尊号。彼得的母亲纳雷什金娜皇后公开气愤地说："怎么能够这样，支持我们的人有的是，我们不会置之不管的。"两个集团的矛盾逐渐地公开化了，双方都密切地监视着对方的一举一动，双方也都在等待最后的时机和最后摊牌的时刻到来。

此时的克里姆林宫暗流涌动，索菲娅正在策划着一场政变。这一次，她故技重演，想再次利用射击军发动政变，并且设计了三个处死沙皇的方案：一是直接向彼得扔手榴弹；二是在彼得乘坐的雪橇里安置炸弹；三是纵火，因为彼得喜欢救火，以救火的名义趁乱杀死彼得。然而在这时，在是否处死彼得沙皇，支持索菲娅加冕称皇的问题上，射击军内部出现了分歧，部分军官不支持杀死彼得。这让索菲娅气急败坏却又无可奈何。

正在索菲娅千方百计地说服射击军同意政变的当口，一个偶然事件的发生让形势发生了决定性的转机。

　　8月7日深夜，克里姆林宫不知为何突然响起了警报，史料记载，这个警报和政变并没有关系，只是一个偶然事件。而在这种局势异常紧张的情况下却带来了一系列连锁反应。射击军内部支持彼得的军官听到警报，误以为索菲娅下达了发动政变的命令。这时候各种猜测和谣言四起，说"沙皇的两个游戏兵团已经从普列奥布拉任斯科耶出发，直奔克里姆林宫来了"。射击军忠于彼得的一派一下子被搞蒙了，不清楚到底是怎么一回事，因为没有收到任何沙皇的行动指令，误以为射击军不是要保护克里姆林宫，真正目的是要攻打普列奥勃拉任斯科耶村的沙皇行宫。便连夜飞马向彼得的行宫奔去，马上告知了彼得这一紧急情况。

　　还是孩子的时候就亲眼看见多个亲人被射击军拖下台阶乱枪戳死，灾难又要重演，这一次又是射击军！而处死的对象变成了自己！深夜得知这个消息的彼得惊慌失措，第一反应就是要保全性命，他甚至顾不上穿好衣服，仅穿着内衣就飞身上马，只带了三个随从连夜跑出行宫，在普村附近的树林中，他一边观察射击军的动向，一边想应对的办法。最后，他决定逃往谢尔盖耶夫三圣修道院。彼得为什么选择修道院作避难所呢？因为沙皇俄国是很重视宗教信仰的，一般不允许在宗教区域做出不敬的事，所以当射击军得知了彼得躲在修道院后就有可能停止追杀。对于这次出逃，史学界是有争论的。一种观点认为彼得是为了转移才去修道院，另一种观点认为当时就是逃跑。支持逃跑的观点居多，因为修道院是没有军队守卫的，而彼得连自己的卫队都顾不上带，这是"逃跑说"的重要理由。而且修道院离莫斯科约有65公里，从距离上说相对安全一点。彼得马不停蹄地跑了一夜，直到第二天早上才到达修道院。一夜的惊恐与奔逃，彼得已经筋疲力尽，

但他已经顾不上这些了。他泪如雨下地向大司祭哭诉昨晚的经历，请求得到大司祭的保护。彼得的这次出逃看上去非常狼狈，但也能看出少年彼得的智慧，能够在最关键的时刻急中生智，也给自己争取了宝贵的回旋时间。他的母亲、两个游戏兵团和部分忠于彼得的射击军也于第二天赶到了修道院。

计划政变的索菲娅一方是什么情况呢？

克里姆林宫在8月9号才得知沙皇出逃的消息，政变计划的泄露让她非常紧张，赶紧商议对策。这一次索菲娅变得有些优柔寡断，由于不能完全掌控射击军，射击军内部也出现了分化，部分射击军已经倒戈转而支持彼得，彼得的游戏军也已经发展壮大，她已经无法在神不知鬼不觉的状态下除掉彼得了。索菲娅开始做了一些缓和的尝试，开始派大主教去谢尔盖耶夫三圣修道院调解这场冲突，但是大主教同情的却是彼得，一去不复返，反水加入了彼得的阵营。形势发生了进一步有利于彼得一方的变化，彼得根据形势的变化，命令所有射击军长官到他的驻地听候调遣，但是索菲娅取消了他的命令，彼得再一次命令射击军长官去他的驻地面见他，否则将处以死刑，由于支持彼得的军队逐渐增多，部分射击军团长开始听从彼得命令到达了指定的地点。万般无奈的索菲娅只好硬着头皮亲自赶往修道院，可是在半路被彼得命令返回。倒戈的射击军逐渐增多，她可以控制的军队逐渐减少，屋漏偏遇连阴雨，关键时刻部分射击军团长召开秘密会议之后向彼得揭发了她阴谋发动政变的详细计划，彼得适时提出引渡索菲娅的宠臣——射击军最高长官沙克洛维奇的要求。形势急转直下，万般无奈的她只得交出射击军首领。射击军首领被押送到了谢尔盖耶夫三圣修道院，受到严刑拷打，并和几个主要的同谋三天后被处死。交出射击军首领意味着索菲娅的彻底失败，而拥护彼得的一派逐渐完全控制了局势,射击军官兵来到莫斯科街头迎驾沙皇,为了表达自己的忠诚,他们甚至躺在沿街的上面悬着斧头的断头台上,高声恳求沙皇宽恕和赦免他们。这场由于偶然事件引发的宫廷斗争以纳雷什金集团大获全胜为结局,索菲娅被宣布为"无耻之徒",9月末她被彼得囚禁在新圣母修道院。伊凡沙皇虽然没有被废除,但是也沦为了一个符号而已,直到去世,都只是出席一些例行公事的活动。

总结

彼得四岁丧父,十岁称皇,历经两次政变,七年卧薪尝胆,最终重夺政权,成为一代沙皇。然而他所面临的俄国,却是一个内忧外患、贫穷落后的国家,周边列强虎视眈眈,内政事务困难重重,索菲娅势力伺机反扑,在这样严峻的形势下,17岁的彼得是如何攘外安内,革故鼎新的呢?俄国著名诗人丘特切夫有一首诗:"凭理智无法理解俄罗斯,凭标准也无法衡量俄罗斯,它具有独特的气质,总是给世人以奇迹形式出现。"这句话形容彼得恰如其分,彼得创造了什么样的奇迹呢?我们下集再讲,谢谢大家!

普京多面"亮剑"，俄罗斯还能坚持多久

2016 年 11 月 25 日

乌克兰危机后，俄罗斯遭遇西方经济制裁，加之国际原油价格暴跌后持续低迷，俄经济深陷衰退旋涡，整体局势不容乐观。此时，普京出人意料地出兵叙利亚展开针对ISIS恐怖组织的军事行动，局面有所打开。然而，11月24日，俄军苏-24战机被土耳其空军"意外"击落，这使俄罗斯再次陷入被动，给普京提出一大难题。

普京多面"亮剑"：俄罗斯或将陷入中东泥潭

俄罗斯空袭叙利亚打击ISIS在短期就取得显著效果，既赢得了多数国家的认可，也挽救了处于危难之中的巴沙尔政权，已经在叙利亚局势中占据主导地位。但是，一方面，由于西方多个国家对待反恐表现暧昧，甚至暗中支持恐怖分子，短期内无法给ISIS以致命的打击，俄罗斯在叙利亚的反恐战争仍将继续；另一方面，在叙利亚未来政治蓝图的规划上俄罗斯与西方国家在很多问题上意见相左，短期很难达成一致。因此，俄罗斯难以在短期内达成战略目标。

俄罗斯在中东战略目标过大。乌克兰危机尚未平息，在国内经济萎缩、石油价格大跌、遭遇西方制裁的严峻形势下，普京虽下令出兵叙利亚，但实则无力打持久战。目前，俄罗斯在叙利亚作战每天耗资不低于400万美元，战事扩大和长期化都将成为俄罗斯的难以承受之重。而战机被土耳其击落事件后，俄罗斯宣布对土耳其进行制裁，又在一定程度上分散了其力量。开局预想的战略目标很有可能会大打折扣，若无法

有效应对接二连三的突发事件，俄罗斯甚至有可能陷入中东乱局的泥潭之中。

不对土耳其动武：统筹国内外形势，无奈中的明智之举

从俄方角度看，首先，俄公然对土宣战并非"名正言顺"。土方坚称俄战机"侵犯"其领空，在数次警告后才不得不将其击落，俄方虽对此予以否认，但无法完全推翻土方说辞，事实上，也不能排除俄战机在极短时间误穿土领空的可能性。其次，俄经济因乌克兰危机受到西方制裁，目前深陷衰退旋涡，经济实力萎缩，此时如若贸然大动干戈，俄经济将会雪上加霜，国内安定团结的大好形势或受到不利影响。第三，普京总统及统一俄罗斯党（以下简称"统俄党"）已进入2016年国家杜马选举和2018年总统大选的重要筹备期，基于国内政治经济形势均不宜对土过度反制。

从国际层面看，其一，土耳其本身军事实力不容小觑，且是北约盟国。根据北约宪章第五条，俄对土动武几乎相当于跟北约宣战，冒着挑起大国战争甚至世界大战的风险报复土耳其对其有害无益。其二，俄目前在中东的核心任务是打击ISIS，保住巴沙尔政权，对土开战势必影响反恐大局，阻碍其实现中东战略目标。其三，俄土两国现实利益交集甚密，土长期从俄进口能源，俄是土第二大贸易伙伴国，如若俄土开战必然导致两败俱伤。其四，俄与西方关系因乌克兰危机已降至历史冰点，此时若对土开战，非但不利于同美等西方国家缓和关系争取尽快解除制裁，反而会使俄罗斯与西方关系进一步恶化。

莫斯科不会忍气吞声：俄罗斯或将择机报复土耳其

俄罗斯自古便有尚武传统，作为世界一流军事强国，是唯一可在军事上抗衡美国的国家，且普京一向以"硬汉""铁腕总统"形象示人。此次战机被击落成为俄在中东军事行动的"痛点"甚至"耻辱"。自冷战结

束以来，俄罗斯在军事行动方面从未如此"吃亏"。对于土耳其下手"刁狠"的这"一记耳光"，想必普京不会毫无反击，莫斯科也定不会完全忍气吞声，俄或将择机采取措施对土反击。

除了采取经济、外交等制裁手段之外，笔者认为，俄罗斯可能还会进行如下动作对土耳其予以回击：第一，继续采取外交攻势，在道义上将土耳其置于不利之地，大力揭露土耳其与极端恐怖组织的暧昧关系，借助国际舆论把土宣传成恐怖主义的"帮凶"。第二，伺机在军事行动方面"以牙还牙"。目前，俄已加强空中防御，派遣歼击机护卫轰炸机，并将装备防空导弹的"莫斯科"号巡洋舰开赴叙拉塔基亚附近水域巡航，不排除俄在土叙边境伺机对土空军力量进行报复性打击的可能性；第三，多管齐下，间接报复土耳其，通过加强对土支持的叙利亚温和反对派的打击力度，加大对反对土耳其的叙利亚和土耳其境内的库尔德人武装的支持等方式，巧妙报复土耳其。

如果说俄罗斯出兵叙利亚取得了良好的开局，起到了"出奇制胜"的效果，那么，由于自身经济实力所限，中东局势的未来走向将是俄罗斯与西方大国共同作用的结果。加之，考虑到临近的2016年杜马选举及2018年总统选举，普京不会过于冒险，也许会收缩战略目标，转向守成。无论从俄罗斯国家利益还是从普京及统俄党的政治前途考量，俄罗斯都应该坚决避免"多面亮剑"和深陷中东泥潭。

2018，普京是走是留

2016 年 12 月 26 日

2016 年 12 月 23 日，莫斯科当地时间中午 12：00，俄罗斯总统普京在莫斯科国际贸易中心举行了一年一度的大型记者招待会，这已经是普京在任内同媒体进行的第 12 次对话。在历时 3 小时 50 分钟的招待会上，普京不但回答了有关俄罗斯经济、社会环境和叙利亚等重大问题，也对华尔街日报记者提出的有关明年是否会提前大选的问题做出回应。这令全球不少人对于普京是否谋求连任俄罗斯新一届总统疑窦再生。对于 2018 年的俄罗斯总统选举，普京是否会积极参选呢？参选的结果可能会怎样呢？

对于第一个问题，在今天的记者会上，普京已经非常清楚地向世人表明自己尊重俄罗斯宪法、尊重俄罗斯法律的立场。他明确表明将按照宪法规定，不轻易提前举行大选。

就第二个问题，普京言语闪烁，回应记者说，届时将根据国际国内形势决定是否参加下一轮总统大选。这个答案显然对于解答普京是否参加 2018 总统大选的疑问无多大帮助。尽管如此，我们依然可以从最近一系列俄罗斯国内的重大事件和俄罗斯民众的态度及普京总统的反应看出，普京谋求连任俄罗斯下一任总统的可能性非常大，其在大选中获胜的概率也在不断增加。

首先，2016 年 9 月 18 日，俄罗斯举行了第七届国家杜马选举。与上一届即 2011 年国家杜马选举结果相比，统一俄罗斯党（以下简称"统俄党"）获得了 76% 的席位，获得宪法多数席位。统俄党这一大获全胜

的选举结果预示着其已具备全面掌控2018年总统选举的能力，为2018年总统大选奠定了良好的基础。值得关注的是，此次俄杜马选举前夕，统俄党多次强调该党是"普京的党"，强调普京对统俄党的支持，借普京目前在民众中的高支持率影响选民投票。显然，普京与统俄党之间互相支持、互相呼应的态势某种程度上预示了普京将继续参选2018年俄总统并胜出。当然，也不排除普京借杜马选举胜利的有利形势，为2018年总统大选铺桥筑路。

其次，从俄民众的态度上分析，对普京2000年上台以来的工作表示认可的人高达80%以上，支持2018年普京连任的人数是63%；反对普京的人数不超过20%，这一比例并不足以影响大选的局势。从俄罗斯联邦中央选举委员会公布的俄罗斯第七届国家杜马选举的结果上，我们会发现一个非常有意思的事情，全国仅有5200万人参加投票，这一数字仅占整个俄罗斯选民人数的47.8%，这一不足半数的投票率创下了近年来的新低。也许俄民众对2018年总统大选采取了放任的态度，也许认为普京连任俄总统并无悬念。

人们对普京上任之初的承诺还记忆犹新，尽管在普京执政期间，存在着政府过度干预市场、阻碍俄罗斯民主进程发展等这样那样的问题，俄罗斯民众中也流传着普京个人腐败、解释不清的众多绯闻等传闻，以及普京存在骄傲自大、态度强硬等毛病，但是，总体上，俄罗斯民众对于这位总统的评价依然是功大于过。他们对于普京为这个国家所做的一切看在眼里，也将普京为实现整个国家的发展目标的各项努力记在心里。正是这样，普京的高支持率就水到渠成了。

当然，退一步说，即使俄罗斯民众不喜欢普京，希望更换一位新总统，但是就目前的形势来看，俄罗斯并未有哪一位政治家具有或者超过普京在民众心中的位置而可以替代他。

从国家统一安定的角度上看，没有普京的强国梦想，俄罗斯的未来可能面临难以想象的险境。所以，某种意义上说，若俄罗斯人民再次推选普京为下任总统，就是为了复兴俄罗斯，另一方面，俄罗斯的经济实力远落后于西方，其国际影响力也不及西方国家大，但俄罗斯人同样需要建立民族自信，维护主权国家的尊严，因此，强硬的普京在国际社会所争抢的不仅仅是俄罗斯的大国地位，更是为了实现俄罗斯人多元世界的理想。

链接

普京2016年度大型记者招待会结束
3小时50分钟回答67个问题

人民网莫斯科12月23日电（记者屈海齐） 莫斯科当地时间23日中午12:00，俄罗斯总统普京在莫斯科国际贸易中心举行了2016年度大型记者招待会。

本届记者招待会是普京任内同媒体进行的第12次对话，共吸引了来自俄罗斯各个地区及全世界的1437名记者参加。

在历时3小时50分钟的招待会上，普京共回答了48名国内外记者的提问。持续最长的一次记者招待会是在2008年2月，用时4小时40分钟，回答了106个问题。

硬汉也会老，久明会是普京的接班人吗

2017 年 3 月 29 日

近日俄罗斯又处多事之秋，俄罗斯媒体公开报道的主要是普京与来访的伊朗总统会晤及叙利亚和谈的内容，对 26 日各地发生的反对派阿列克谢·纳瓦尔尼领导的反腐游行强调是非法集会，仅仅一笔带过，似乎平静如水，实际上俄罗斯进入了 2018 年大选前的敏感时期。

俄罗斯下任总统是谁？普京继任者出现了吗？据俄罗斯卫星网消息，俄罗斯政治分析师斯坦尼斯拉夫·别尔科夫斯基称，图拉州州长阿列克谢·久明符合俄罗斯总统的所有期望，其或将成为普京未来的继任者。别尔科夫斯基推测称，普京总统已经选出了自己的继任者，此人为图拉州州长阿列克谢·久明。久明曾在 2014 年领导克里米亚回归俄罗斯的特别行动。他与克里米亚回归一事有最直接的联系，而普京对他有关稳定克里米亚局势的工作也很满意，因为一切都在很和平地进行。别尔科夫斯基还认为，久明的快速升职也正与此有关，因为克里米亚回归后，久明便成为俄罗斯国防部副部长，之后又转任图拉州州长。

根据克里姆林宫的资料，阿列克谢·根纳季耶维奇·久明 1972 年 8 月 28 日出生于俄罗斯联邦库尔斯克州，2009 年获政治学副博士学位，曾任总统卫队保镖，2015 年 12 月 24 日至 2016 年 2 月 2 日任俄罗斯联邦国防部副部长，2016 年 2 月至今任莫斯科南部图拉州的州长。

很多评论员和观察家猜测，久明将会平步青云，任州长只是过渡性的一步。有些人甚至称，普京可能准备让这位身材魁梧的将军成为接班人。但这种说法目前看来并没有太大的说服力，因为截至目前，普京从

未表明有意在2018年本任期届满后下台。有评论说，发生在俄罗斯各地的反腐游行，表面上是反腐和反对现任总理梅德韦杰夫，实际上针对的就是普京，特别是在大选前关键的准备期间，普京会让新人代替梅德韦杰夫以消解舆论压力迎接总统大选吗？

笔者认为：首先，俄罗斯提前进入敏感的大选时期。由于被西方媒体认为干涉美国大选，甚至是干涉法国、德国大选，俄罗斯或也将面临强烈的反作用力，必将是多事之秋。其次，遍布俄罗斯各地的反腐游行不像媒体渲染得那么严重，对比2012年规模也没有那么大，只是比想象的来得早，但一定会给克里姆林宫提前敲响警钟。第三，局面还没有失控。普京拥有86%的支持率及俄罗斯经济已经开始回稳增长，再加上近几年俄罗斯在处理克里米亚事件和叙利亚内战等外交事务中取得了优良成绩，这使得反对派的攻击变得比较困难。第四，久明作为政治新星，不出意外将更大范围地进入公众视野，不远的将来会再次平步青云，有替代现任总理的潜力和可能，但属于是第二梯队的"未来之星"，参加2018年总统选举的可能性很小。总的来说，普京今年65岁，这对于大国领导人来说正值黄金时期，也是最美夕阳红的时期，他不会放弃最后实现自己政治抱负的机会，即使选民不喜欢普京，感觉到视觉疲劳，对于俄罗斯选民来说，当前很难找到可以替代普京的合适人选。

20年还你一个强大的俄罗斯，普京主政18年兑现了吗

2017年5月18日

编者按：1999年普京接替叶利钦担任俄总统，当时几乎没有人知道这个前克格勃小个子军官的来头。而将近20年后，普京本人凭借铁骨铮铮的硬汉形象和温和亲民的领导作风，在俄罗斯深入人心。在普京主政的18年里，他是否兑现了当年承诺，带领俄罗斯走上复兴、富强之路呢？

翻天覆地，普京之功吗

普京从叶利钦手里接过的是一个千疮百孔的俄罗斯，但自执政以来，俄罗斯在各方面确实发生了翻天覆地的变化。

首先，政治上，普京一直致力于复兴俄罗斯的超级大国地位。即便他曾在就任总统的前一年半的时间内面对过更换5位总理的窘境，这位"铁腕总统"仍以稳健、务实和果敢的施政风格化解了一次次政治危机。无论是加强联邦中央政府权力还是打击金融寡头，他所实施的行政改革都成功实现了俄罗斯政局的长期基本稳定。

第二，经济上，2017年俄罗斯经济实现了恢复性增长，而石油和天然气更成为提振俄罗斯经济快速发展的原动力。

第三，军事发展被普京视为展现爱国主义的重要方式。花费巨资发展军力的俄罗斯正成为令人敬畏的新军事强国。强大的军事实力和日益

明显的海外部署意愿，都使俄罗斯在国际舞台上频频以军事强国的形象出现，而打击恐怖组织"伊斯兰国"的军事实践正是直接体现之一。

第四，外交上，普京意图使俄罗斯摆脱二流国家面貌。普京着力拓展外交空间，维护本国利益。频频对外干涉，发动局部战争，以及与美国、北约进行对峙都表明普京政府外交政策的强硬立场。同时，普京也重视亚洲事务，希望利用自身条件，与中国、印度建立经济合作关系，借机实现转型，摆脱西方制裁。

第五，俄罗斯综合国力的上升还体现在民生方面。在普京前两个总统任期内，俄罗斯居民收入逐年大幅增加，生活水平稳步提高。与此同时，俄罗斯政府加大了对社会保障的投入，基本医疗实现了人群全覆盖。近几年来，俄罗斯人均寿命达到历史最高，是社会福利提升的另一个有力证明。

第六，打击腐败的行动也为普京政府奠定了扎实的民众基础。腐败在俄已经成为一个系统性的问题，对现有的政权体系造成严重伤害，也曾导致普京支持率一度下降。为此，普京推出多项反腐措施，如建立公职人员财产公示制度和"高薪养廉"机制，成立俄总统反腐败局，禁止特定官员在国外银行开设账户，以及禁止政党接受涉外组织的捐赠等，这些举措都表明俄高层对反腐败斗争态度坚决。

小结：尽管取得巨大成绩，然而在普京十几年的任期内，俄罗斯经济、社会等各方面依然矛盾重重，近年发生的全国范围内的示威游行同样是普京治下俄罗斯的真实社会场景。

内外交困，普京之责吗

2015年12月，俄罗斯总统普京宣称俄罗斯"经济危机的高峰期已经过去"，但有关俄罗斯经济的负面消息依然层出不穷，具体体现在以下三个方面。

首先，石油价格暴跌，实业萧条，金融动荡，普通民众生活严重受影响。

随着石油价格暴跌，俄罗斯的经济命脉和财政能力受到重创，而沙特和美国对俄罗斯石油出口的不断排挤加剧了情况的恶化。同时，美国、欧洲的经济制裁使卢布对美元的贬值已经超过60%。俄罗斯经济陷入全面危机，2015年和2016年经济总量均为负增长。经济的下滑使俄罗斯不得不缩减各项财政开支，而普通民众的生活也受到严重影响，实业萧条和金融动荡成为俄罗斯人最直接的心理体验。

2015年，俄罗斯陷入贫困状态的人口新增200万，基本生活质量的不断恶化使得关注每日油价走势几乎成为每个俄罗斯人的生活习惯。

俄罗斯国内面临着各式各样的问题，且日益恶化，"内忧外患"是对俄罗斯过去两年的准确描述。

其次，俄罗斯经济陷入普京执政以来最漫长衰退，十年发展毁于一旦。

在普京的头两个任期里，俄罗斯的经济飞速发展，政治独立，强国之梦初见轮廓。2011年，时任总理的普京甚至提出俄罗斯2020年GDP总量应进入世界经济前五强，人均GDP达到3.5万美元的目标。这一计划引发外界的普遍质疑。根据世界银行的数据，2013年俄罗斯人均GDP达到1.5万美元的峰值后就开始一路下滑。到2016年，俄罗斯人月均收入已经跌破450美元，远低于中国人均收入水平。

俄罗斯经济陷入了自普京1999年末掌权以来最漫长的衰退，这一结果令俄罗斯人民十分沮丧。世界银行认为，俄罗斯2016年的贫困率升至该国人口的14.2%，近十年的发展毁于一旦。

最后，俄罗斯GDP的地区分布和人员分布亦极不平衡，贫富差距继续拉大。一些产油区的人均GDP可高达5万美元以上，而大多数俄罗斯人居住的地区，人均GDP约为1万~1.4万美元，一些地区人均GDP则大概在 5000 美元以下，部分地区甚至低于 3000 美元。俄罗斯民众的收入阶层差距巨大。有报告显示，俄罗斯 110 名富豪拥有全国 35% 的财富，这是世界上最高的贫富不均水平之一。

显然，普京所期望的一个全新的俄罗斯并未如期而至。18 年来，俄罗斯民众相信普京几乎有能力做成任何事情，但俄罗斯当前这场危机暴露出普京这位强硬的领导人也有无法解决的难题。

小结：离 2018 年总统大选不足一年时间，但经济不可能在短期回升，而社会不安定情绪却在继续蔓延。普通民众以外，政治和经济精英也逐步积蓄对政府的不满情绪，随着社会地位和财富受到威胁，他们支持取代普京及其体制的意愿也日渐增长。而城市中的知识分子将为能够对局势造成冲击的政治力量提供思想上的指导。

普京正面临执政以来最困难局面吗

当俄罗斯政府将这一切困境都归于西方社会的敌视和经济封锁时，国际社会和俄罗斯境内也有声音认为俄罗斯目前的情况都是普京一手造成的。

首先，西方社会认为普京是造成俄罗斯今天困难局面的罪魁祸首。他们认为普京政府过分依赖能源出口而无视投资环境，致使大量资金外逃；普京强硬的执政风格又导致俄罗斯不断遭遇经济制裁。对乌克兰、叙利亚的干涉也正在消耗着俄罗斯最后的能量，俄罗斯再度崛起的可能性越来越低。

其次，俄国内反对派也准备与普京开展争夺政治权力的较量。亲西方的反对派认为导致今日局势的最终原因是普京治国无方，部分民众也将经济面临崩溃的原因归为普京强硬手段招致的报复。2016 年 2 月，俄罗斯首都中心区爆发 1.4 万人左右的大规模游行，成为普京遭遇信任危机的真实体现。2017 年 3 月，俄罗斯再次爆发反腐示威游行，抗议直指普

京政府。

货币贬值、实体经济受损、产能过剩、莫斯科高房价触目惊心、贪腐遍地,克里姆林宫过去安抚民众的办法,似乎都已经用尽。

结语:目前俄罗斯正在经受普京执政以来多种困难局面的考验,国际声望的提高也面临西方设置的重重障碍。这样的背景下,尚有一年任期的普京如何应对眼前棘手状况是外界关注的焦点。而过去对普京充满崇拜的俄罗斯人是继续支持总统实现强国梦想,还是在选举中倒戈一击,我们拭目以待。

2018 俄罗斯谜团：
普京再当 6 年总统？极有可能

2017 年 5 月 19 日

编者按：2018 年是俄罗斯的大选年，普京仍未确定是否继续参选。2013 年，普京以为时甚早、不愿考虑为由，搪塞过西方记者；同年 9 月，普京与法国前总理菲永调侃道："不排除有此可能。"；2014 年 11 月，普京重申："我再次成为候选人的可能性是存在的。至于它会不会发生，我还不知道。我要看看总体形势、我的内心感受、我的精神状态。"

普京曾明确表示他不会当终身总统，但是谋求连任的可能性非常大。毕竟，赢得大选能保障普京实施自己的执政"路线图"。除了依旧高涨的民众支持外，三个决定性因素已经为普京铺好 2018 年的总统之路。

2008 年俄罗斯宪法修正案

2008 年，俄罗斯通过了建议延长总统和国家杜马议员任期的宪法修正案。

当时的总统梅德韦杰夫解释，修改宪法是基于俄罗斯现状决定的。依据新的宪法，普京此任总统将于 2018 年到期，但他仍可以连任一次，任期 6 年。

俄罗斯总统选举已经由民选制趋向于"提名制"，即前任总统的意愿和行为不仅影响选民情绪，也左右着总统选举的结果。

总统"提名制"在很大程度上保证了俄自身政治制度的稳定性和政策的延续性，也反映出俄罗斯"强总统，弱议会，小政府"的国家权力结构。

这种现象暗示了下任总统普京是否担任，或由谁担任，很大程度上取决于普京本人的意愿，甚至可以说无论什么人当总统，他都会继续贯彻普京的施政方针和政策路线。

"梅普组合"把握权力

梅德韦杰夫和普京这组政坛老搭档开创了俄罗斯（苏联）历史上的先例，他们高度互信、配合默契。

早在梅德韦杰夫当选2008年俄罗斯总统前，两人就有了长远的政治计划，其核心就是完成普京的强国路线。

想要"梅普"权力双核心体制良好运行，两人必须掌握俄罗斯的最高权力。理论上，梅普轮换掌权统治俄罗斯的模式可以一直延续到2036年。

普京曾提出"俄罗斯政治需要新鲜面孔以保证国家的统一与和平"。但事实上，普京仍在不遗余力地从各方面为自己奠定和巩固俄罗斯政治权力中心的基础。

去年秋天，普京突然推动俄罗斯总统办公厅的人事变更。此前默默无闻的瓦伊诺接替谢尔盖·伊万诺夫，担任总统办公厅主任一职，曾在叶利钦时代短暂担任总理的基里延科，则代替沃洛金成为主管国内事务的总统办公厅副主任。与他们各自的前任相比，瓦伊诺和基里延科的角色都更加接近纯粹的命令执行者。总统办公厅在俄国内选举和政党事务方面起着举足轻重的作用，在选举年前撤换总统办公厅两个最重要的负责人，普京此举是为自己 2018 年的选举团队增加新成员。

国家杜马：统俄党控 76% 席位

相较于 2011 年的 49.54%，2016 年俄罗斯第七届国家杜马选举中统俄党控制了 76% 的席位，已具备全面掌控 2018 年总统选举的能力。

普京与统俄党之间互相支持、互相呼应的态势预示了普京 2018 年将继续参选并胜出。同时，普京有可能借杜马选举胜利的有利形势，提前大选。

根据俄罗斯联邦中央选举委员会公布的结果，2016 年选举，俄罗斯全国共有 5200 万选民参加，投票率仅为 47.8%。这反映出俄民众对政治和选举的淡漠态度。

但就国家杜马选举结果而言，统俄党已经赢得 450 个杜马议席中的 343 席。这一空前支持率意味着反对普京的人数应该不足以影响大选的局势。

普京仍是俄罗斯人眼中的完美总统

普京本身诠释了俄罗斯人眼中完美的总统形象。他上天入海、远东射虎、访贫问苦、怒斥奸商，这类新闻一出现，马上能占据世界媒体的显著位置。尽管西方媒体认为普京秀自己带有明确的政治目的，但是，它们也承认普京这一硬汉形象以及"梅普"轮换掌权的模式，能让他在俄罗斯权力舞台上延续到 2036 年。普京不但完整地继承了俄罗斯历史上优秀政治领袖自信而强大的特质，也是俄罗斯潮流生活方式的代表。同时，他又展现了俄罗斯民族自强不息的精神形象。最近几年俄国内一些民众对政府的失望情绪和对政治的冷漠态度令普京有一丝紧迫感。在第

13次国情咨文中，普京重点聚焦了俄罗斯国内政治、经济、社会等迫切需要解决的问题，并提出了一系列完善举措；还反复强调加强全民团结的祖国情怀，以"团结"开篇，更是以"团结"收尾。

结语："祖国情怀"一次次地帮助普京带领俄罗斯走出困境。从2000年1月1日入主克里姆林官那天起，普京就一直把俄罗斯民众对苏联"辉煌岁月"的怀旧感和对苏联解体后大国地位下滑的失去感，作为加强全民团结的共同感情基础。无疑，只要普京参选，民众就会站在对他有利的一边。收获统俄党和民众的双重支持，普京再度连任俄罗斯总统或许指日可待。

20 年强国梦落空，
为何普京仍是俄罗斯最合适总统人选

2017 年 5 月 23 日

> 导读：在俄罗斯经济深陷泥潭的情况下，普京总统的"20 年承诺"几乎没有实现的可能。不过，这并不意味着俄罗斯民众没有梦想、放弃对美好生活的向往。2018 年的总统大选，就将是俄罗斯人选择新生活的契机。

普京为何成为俄罗斯全民偶像

一国总统大选结果的影响因素众多，人民的内心诉求、民众心理、国内政治环境以及国际社会的大环境等都可能影响最终结果。那么俄罗斯民众会不会在 2018 年大选中选择继续相信普京，给普京继续指点俄罗斯江山的机会呢？

普京支持率高达 82%。尽管普京在执政 18 年间并未还给俄罗斯人民一个美好、富足的全新国家，与其许下的承诺相距甚远，但他在民众心中仍然是普遍被认同的。根据俄罗斯 2017 年 4 月公布的最新一次民调结果，普京的支持率高达 82%。另一项数据显示，普京领导俄罗斯的 18 年中，对普京持负面印象的民众比例还不到 10%。那么，普京在俄罗斯遭受如此困难的情况下，为什么依然能够获得民众的支持呢？

首先，普京的治国能力是有目共睹的。苏联解体后，西方社会的表现令普通俄罗斯民众大失所望，当下国家再次面临困境，大多数人将其原因归结为西方社会的打压和阴谋，而不是质疑普京政府施政上的问题。在西方制裁面前，俄罗斯社会空前团结，表现出俄罗斯民族的韧性和抗压性，抱团御侮。

其次，普京在国际社会不畏强权、敢于强硬对抗西方社会，这不但使俄罗斯重获世界话语权，也使本国人民重拾了民族信心与自豪感。俄罗斯民众对于普京在国际社会的表现津津乐道。普京多次公开与美国叫板的态度、咄咄逼人的言论非常对那些反感西方国家的俄罗斯民众的胃口，被认为是俄罗斯恢复苏联时代超级大国地位的象征。他伸张正义、打击极端组织"伊斯兰国"的不俗表现，他在处理乌克兰局势、克里米亚全民公投并入俄罗斯、俄日南千岛群岛（日本称"北方四岛"）争议等问题上的睿智与实施的迂回策略等，都不断刷新着他的民意支持率。

对于俄罗斯人民来说，普京本人也是他们的骄傲。车臣战争、克里米亚回归、出兵叙利亚等无不显示出普京是一个勇敢、智慧、铁腕的政治家，极得俄罗斯民心。当年普京在圣彼得堡生活和工作过的老房子，已经变成了热门的旅游路线，甚至普京当年在德国德累斯顿市住过的地方，也变成了德国人赚钱的旅游胜地。以普京形象为素材的各种艺术品、纪念品不仅在俄罗斯炙手可热，在世界上其他一些国家也有不错的销量。

功大于过，普京是最合适的总统人选吗

尽管在普京执政期间，存在这样那样的问题，俄罗斯民间也流传着普京个人腐败和解释不清的众多绯闻，以及普京存在骄傲自大、态度强硬等毛病，但是，总体上，俄罗斯民众对于这位总统的评价依然是功大于过。

可以说，为了国家统一安定，为了实现俄罗斯的复兴，普京仍是俄罗斯现阶段最合适的总统人选。

目前，俄罗斯的经济实力与国际影响力都落后于美国，俄罗斯人更需要快速建立民族自信，维护主权国家的尊严。而此时强硬的普京在国际社会所争抢的不仅仅是俄罗斯的大国地位，更是俄罗斯人实现多元世界的理想。

结语：当前，俄罗斯民众普遍认为俄罗斯必须有一个强有力的总统主持大局，而普京恰能堪此大任。面对西方社会的步步紧逼和东方巨龙中国的复兴崛起，俄罗斯人希望普京能带领他们步入一个富强而光荣的俄罗斯。2018总统大选中，俄罗斯民众是否仍然相信普京的能力和他许下的诺言，保持俄罗斯政局稳定，我们拭目以待。当然，普京能否如彼得大帝一样带领俄罗斯重新崛起，笔者认为，钥匙在他自己手里。

解读普京连线：主旨与犹抱琵琶半遮面

2017 年 6 月 16 日

北京时间 6 月 15 日 17 时至 21 时 20 分，俄罗斯总统普京举行了他任总统以来的第 15 次"连线"，这次共收到了约 200 万个问题，普京用了 4 小时 20 分钟回答了其中有代表性的问题，内容主要涉及俄罗斯国内的经济发展情况、对反对派的态度、俄美关系、叙利亚及乌克兰问题以及普京个人问题等，普京声称虽不能回答所有问题，但了解到了民众的关切，并保证将对收到的问题进行落实。主动对美国伸出橄榄枝，对国内反对派持有开放合作态度，整个"连线"活动明确地体现了为俄罗斯特别是随后的总统大选积极创造有利的国际、国内环境的主旨，对于是否宣布参加 2018 年大选的焦点问题，普京暂时没有明确回答，说"应由选民来决定"，采取了犹抱琵琶半遮面的态度。

第一，对内强调发展经济，安抚民众及反对派。俄罗斯经济顶住了西方的制裁，2016 年第 4 季度、2017 年第 1 季度及 4 月份分别取得了 0.3%、0.5%、1.4% 的增长。普京认为制裁未对俄罗斯经济状况产生根本影响，更重要的问题是原油价格下跌。俄罗斯因制裁损失了 500 亿~520 亿美元，而那些实施制裁的国家损失了 1000 亿美元。根据俄罗斯经济发展部的预测，2017 年俄罗斯经济将实现 2% 左右的正增长。国内经济的连续萎缩，被认为是俄罗斯政府的一个短板，普京着重讲国内经济问题，目的是安抚近些年来收入下降的民众，争取民众的支持。对待反对派问题上，普京也主动表示将持有开放合作的态度，同时也警告，合作范围不包括"别有用心的政客"。2017 年已经发生 2 次纳瓦里内领导的大规模的全国性的反腐败示威游行，在即将大选的敏感时期，普京的态度仍然是"又拉又打"，团结多数，争取国内稳定。

第二，对外释放善意，将重启俄美关系。普京主动向美国示好，准备进行建设性的对话，甚至以低姿态争取有利的国际环境，声称俄罗斯没有把美国当作敌人，在"一战""二战"中俄罗斯都是和美国并肩作战，许多俄罗斯人都尊重美国人民取得的成绩。俄美可以共同协商解决乌克兰和叙利亚问题，俄美合作管控大规模杀伤性武器的扩散极其重要，应该关注全球贫困问题，因为这些地方往往是恐怖主义的发源地。主动伸出橄榄枝，力图改善俄美关系，甚至表示在乌克兰问题上，美国可以对乌东部和南部的未来提出自己的意见。结合近期在美国、法国播放的《普京访谈录》来看，两者的目的是"异曲同工"，就是争取有利的国际环境。6月15日，美国参议院以压倒性多数票批准了扩大对俄制裁修正案，此修正案包括对伊朗制裁法案。在这种情况下，普京的讲话意义更加重要，其目的就是力图解除制裁，为俄罗斯的经济复苏及即将举行的总统大选减少障碍。

第三，对于是否参加2018年的总统大选，采取了继续保留悬念的态度。根据俄罗斯中立民意调查机构列瓦达的最新数据，82%的俄罗斯人支持普京，66%的俄罗斯人支持普京参加2018年的大选，支持普京的统一俄罗斯党在最近一期的杜马选举中获得了343个席位，占总共450个席位的76%，当前俄罗斯政坛还没有发现和普京势均力敌的政治人物，在俄罗斯外交、内政取得不错成绩的情况下，现在宣布参选是一个好的时机，如果参选也应该是如"探囊取物"。在主持人及民众执着的多次追问下，普京仍然没有正面回答，继续保持悬念，但是暗示已经做好准备，甚至也考虑到接班人问题。或许普京认为还有更好的时机，比如俄美关系取得实质性的进展，国内经济获得更好的发展，甚至可以等到重开海外军事基地，等等。

第四，个人问题上体现温情的一面。普京声称自己受父亲影响，为节约能源至今还保留着离开房间关灯的习惯。自豪地说不久前自己已经有了第二个外孙，第一个外孙已经上幼儿园了，但是拒绝透露他们的具体情况，原因是不想干扰他们"平静的生活"，声称"我的孩子不从政，也不想自己的后代过王子一样的生活，应该让他们过普通人的生活"。

普京和美女总统参选人[①]

2017 年 10 月 19 日

10 月 18 日,俄罗斯的 80 后美女网红、"政治素人"克谢尼娅·索布恰克(Kseniya Sobchak)宣布参加于 2018 年 3 月 18 日举行的俄罗斯总统大选。翻开她的履历:出身世家、名校毕业、社交名媛、美女主持……其与普京的渊源及关系更是值得我们关注一下这位美女总统参选人。

她,究竟是谁

熟悉现任俄罗斯总统普京的人都知道,在他的从政之路上,俄罗斯联邦宪法起草人之一、第一任民选圣彼得堡市市长阿纳托利·索布恰克起着不可估量的作用,被称为普京的恩师和导师。普京从政初期到官至圣彼得堡市第一副市长,实际上是恩师一手提携的结果,普京曾冒着危险解救过身处险境的恩师。而这位美女候选人,正是阿纳托利·索布恰克的二女儿。

她出身名门〔1981 年 11 月 5 日生于列宁格勒(今圣彼得堡)〕,自幼学习芭蕾和绘画,以优异成绩毕业于莫斯科国际关系学院国际关系与政治学专业;

她主办过真人秀节目,由于内容过于暴露,被当局紧急叫停;

她的照片被刊登在许多俄罗斯成人杂志上;

她的感情生活一直是俄罗斯大小媒体关注的焦点,绯闻对象从富豪

[①] 本文由笔者与颜莹合作完成。

到政治明星换了不少……

她积极参与社会政治生活，不止一次参加反对派的大规模集会。虽然老爸被称为普京的政界恩师，两家私交甚好，但索布恰克却毫不给普京面子，曾公开批评自己"教父"普京的政策。但据报道，索布恰克也曾表示过：她对普京的感恩之情，远超过她对普京政府的不满。

对于克谢尼娅的参与竞选，各界评论不一。一位日裔俄罗斯政治家和经济学家这样谈道："我认为，她希望以这样挑衅的方式制造一场闹剧，因为大多数选举都是闹剧，我国也一样，而且选举结果都提前心知肚明了。"而另一些人则认为，女性参选2018年总统选举可以使政治群体多样化。

克谢尼娅的竞选口号为"反对所有人"，或许会争取到年轻人的支持。她表示，她并不在严格的意识形态框架内，也不属于具体的政党，不受党派和团体纪律的约束。

这位从政经验几乎为零的美女，到底是为了实现自己的政治抱负，还是为了博人眼球，当面对着亦友亦敌的普京时，她的总统竞选之路究竟能走多远，让我们拭目以待吧！

"孤独"的竞选者，真正的对手是谁

2017 年 12 月 7 日

12 月 6 日，普京参加了"2017 年俄罗斯志愿者"颁奖活动，来到了苏联时期引以为傲的高尔基汽车厂，在与工人们座谈的时候，正式宣布"我将申请参加新一届俄罗斯联邦总统选举"。这意味着他有望执掌俄罗斯 24 年之久，成为自斯大林以来主政俄（苏）最久的国家领导人。各界追踪、期待了一年多的消息终于发布，普京这些年成绩怎么样？俄罗斯人支持他吗？为什么选择这个时间节点和地点？他真正的对手又是谁呢？如果当选会在哪些领域有所建树？

普京上任以来的政绩

普京这些年实际上干得相当不错，军事上加强投入，避免财力不对称情况下的"军备竞赛"，以不同的军事发展理念保持了对美国军事上的制衡，特别是在战略核武器和外空武器及潜射等多种导弹方面还保持一定的优势；外交上逆势突围介入叙利亚，联合土耳其、伊朗等国家之后扭转了颓势，在这一地区争得了主要的话语权，克里米亚入俄也保证了俄罗斯在黑海的战略利益；被外界认为的唯一"短板"——经济上也有突破，在西方连续加码的制裁下，俄罗斯硬是顶住压力，主要经济指标出现了积极的变化，2016 年粮食获得大丰收，俄罗斯成为世界小麦出口量第一的国家，让那些天天说俄罗斯人吃不上饭的人哑口无言。2017 年，俄罗斯经济走出近年来的低迷，实现低速增长。苏联解体后，俄罗斯千疮百孔，国际地位一落千丈，而普京的这些成绩一定程度上恢复了俄罗斯的"自尊心"。

普京的支持率

　　普京当选以来一直保持较高的支持率，特别是打击车臣叛乱、油价高企、克里米亚公投及强势介入叙利亚时期。在前几次的竞选中，普京均保持压倒性的优势。虽然经历"油价暴跌""金融危机""腐败传闻"等几个相对的低潮时期，但普京仍然保持"领头雁""第一人"的地位。俄罗斯人较为普遍的共识是：像俄罗斯这样的一个国家，需要一位像普京这样的强有力的领导人。很多人把普京与俄罗斯崛起联系起来。最近一期的民意测验表明，如果现在投票，将有70%以上的选民会投给普京。可以说在民意支持率上，普京在俄政坛处于"一骑绝尘""无人能敌"的地位。

时间、地点的选择有寓意

　　普京是在著名的高尔基汽车厂宣布参选的，这家汽车厂曾是苏联人的骄傲，也被认为是苏联工业的支柱，大家可能比较熟悉的就是该汽车厂生产的一款"伏尔加"牌汽车，20世纪90年代以前还是我国党政军主要的公务车辆，配备一辆伏尔加汽车，在当时是一种身份与地位的标志。同时，"伏尔加"也是俄罗斯的母亲河的名字。而之前普京面对是否参加2018年的总统大选问题时总是闪烁其词，可见在这样一个地方宣布重要消息，是有所准备的，或寓意普京进入俄政坛19年来所取得的成绩，也有和人民在一起的寓意。同时他还参加了"2017年俄罗斯志愿者"的颁奖晚会，或说明普京仍然希望做一位为俄罗斯发展而努力的"志愿者"，同时也回击了西方媒体有关普京倦政的报道。

宣布参选的其他候选人

俄罗斯自由民主党领导人日里诺夫斯基、俄"亚博卢"党创始人之一的亚夫林斯基已经表示将参选。俄罗斯共产党领导人久加诺夫称，自己作为该党主席，已被推举参选，党代会上将做出最后决定。俄罗斯增长党已决定推举该党主席、俄总统保护企业家权利全权代表鲍里斯·季托夫作为总统候选人参选。另外，普京恩师的女儿、著名主持人索布恰克，著名反腐人士纳瓦里内也宣布将参加大选。以上的各位候选人的支持率都在10%以下，参加竞选或许是为了宣传自己的存在，仅仅是"陪练者"，起码当前看，对于普京形成不了大的威胁。索布恰克有关上任后首先下令迁走红场上的列宁遗体及反对斯大林的言论引起了俄罗斯媒体的广泛关注，纳瓦里内被认为是有力的竞争对手，他曾经在莫斯科市长的选举中屈居第二，在虚拟的网络世界中拥有众多"支持者"。

真正的对手和未来的施政计划

普京暂时还没有公布自己的竞选纲领，如果顺利当选，普京会继续争取俄罗斯在军事和外交领域取得更多的成绩，譬如重开古巴和越南的军事基地，进一步增加在中东的影响力，由于苏联解体后丢失的地盘太多，还要努力扩大自己的生存空间才能在一些问题上对美国形成制衡。如果能够解决俄罗斯经济结构不合理这一长期的顽疾，无疑会给普京带来宝贵的政治资本。6年后，普京将72岁，建立后续梯队和选择接班人也是要解决的问题。普京这次竞选的真正对手或已经超越了候选人的范围，对于他来说，这很可能是实现自己政治抱负最重要的一次竞选，一定要"慢工出细活"，不能有任何"闪失"。

当前需要做的是提高这次选举的关注度和"寻找"合适的对手，如果很多爱度假的俄罗斯人还是待在别墅里"享受生活"而不肯出来参加投票的话，无疑将降低这次选举的"含金量"。美女候选人（索布恰克）的参选正在"激活"俄罗斯人的神经，未来还会有更多类似的"精彩事件"出现。西方势力也不会在这个"多事之秋"袖手旁观，制造麻烦是大概率的，一个"拳王"必须要有合适的对手和精彩的搏斗才能对得起观众和缠在自己腰上的金腰带。

普京在俄国防部讲话：俄军下一个目标是谁①

2017 年 12 月 25 日

12 月 22 日，俄罗斯国防部召开扩大部务会，总结本年度工作，确定 2018 年任务。各军种总司令与兵种司令，总部机关领导，各军区、舰队、军团与独立兵团指挥人员与会。会议还邀请了俄安全会议成员、联邦会议领导、政府领导，老战士、社会团体与其他组织代表旁听。普京以总统、俄联邦武装力量最高总司令身份与会并作重要讲话。普京讲话既有对俄军的高度肯定、褒奖，也有对当前国际形势、俄美安全关系、特朗普首份《国家安全战略报告》的看法，还有对俄军下一步工作的最新指示与要求，释放出诸多重要信息。

对俄军特别是在叙利亚反恐行动高调赞扬

普京讲话一上来便高度赞扬俄军在叙利亚的反恐作战行动，对在叙利亚参加打击恐怖主义行动的军人表示感谢，"我只能挑主要的说：在打击国际恐怖主义这一全球绝对威胁的斗争中，我们的官兵作战勇敢、行动专业，更重要的是有效，表现出俄罗斯武装力量现代化水平有质的提升，毫无疑问和毫不夸张地说，对歼灭最有战斗力的国际恐怖主义团伙发挥了决定性的作用。大家知道，事实上，这并不是什么简单的团伙，而是一支完整的恐怖军队，组织严密、凝聚力强、训练有素、全副武装，可以说是一支对我国，甚至是对全世界都产生威胁的军队。""俄罗斯军人同叙利亚军队一道从恐怖分子手中解放了叙利亚全部领土，解救了数

---

① 本文由笔者与朱长生合作完成。

十万人的生命，保持了叙利亚共和国的国体，为内部冲突的政治和解开辟了道路。评价我国军队的行动只可用一个词：出色！"

"近年来，（我们）做了大量实实在在的工作：深化武装力量结构改革，整个军事指挥体系更加有效。有计划地对各军兵种进行换装。2012年部队现代化武器装备的比重为16%，而到2017年底达到了约60%，至2021年将提高到70%。今年组织了6次大规模检验，证明部队准备程度高，能够迅速加强北极部队，在其他国防重要方向上建立起独立有效的（部队）集群。"

对当前国际形势、俄美安全关系的看法

关于当前的国际形势，普京的看法是，"世界正在经历经济、技术和知识的真正变革。很明显，这种深刻变化触及着，也不可能不触及，并必将触及军事领域、世界主要国家军队的状况。"

对俄美安全关系，普京讲得不留情面，火药味很重，称美国一意孤行，肆意撕毁苏美1987年签署的《中导条约》，企图借助部署全球反导系统、全球打击系统打破战略平衡。美国在欧洲正在建立"进攻性设施"。在罗马尼亚已经部署、在波兰正在部署美国反导防御系统的通用发射装置。普京说，"形式上它们是用来拦截导弹的，但问题在于，这方面的专家们非常清楚，这些是通用的装置。""它们可用于发射射程为2500公里的现有海基巡航导弹，在这种情况下，它们已经不再是海基导弹，它们将可以轻松地转移到陆地、到境内。也就是说，反导弹发射装置随时可以成为中程巡航导弹发射装置。""再有，在美国使用的导弹是用于测试反导系统性能的靶子，与中短程弹道导弹完全相同。它们确实存在并被使用。其在美国生产可以证明，美国还在开发《中导条约》禁止的技术。"

"五角大楼2018年划拨了资金用于研制射程可达5500公里的陆基

机动导弹系统。因此，美国实际上正在撕毁《中导条约》。""他们一直在寻找我方破坏的例子，而自己却在一直做着这件事，因为他们就一直在不断而顽固地做着退出反导条约的事，结果大家知道，（美国）单方面地做到了。自然，这一切严重降低了欧洲与整个世界的安全水平。我们有权利、有能力对这种潜在威胁做出及时、适当的回应。必要时，我请求及时起草并提出充分的理由建议，修订军事规划文件，提高国家国防能力水平。"普京认为，美国企图借助全球反导系统、全球打击系统打破战略平衡，目的只是"勒索"，以为"打击能够不受惩罚"不过是种"幻想"而已。

严肃回应特朗普首份《国家安全战略报告》。美国当地时间12月18日，美国总统特朗普正式推出上台以来的首份《国家安全战略报告》，明确把中俄列为战略竞争对手。对此，普京在此次会议上首次做出了正式回应，"如果可以用两句话说的话，用外交语言讲，它无疑具有进攻性；而如果换作军事语言来表述，它无疑具有侵略性。我们要在自己的工作中考虑到这一点。"

对俄军提出新要求、新任务

会上，普京还肯定了近几年加强军队建设的决策，他认为，叙利亚形势、整个世界的军事政治形势证明：加强军队建设，把必要的资源积极用于军队建设上来的决定"是正确的、及时的"，要求"今后几年必须继续富有成效地推动武装力量的质量发展"，明确提出"俄罗斯应该处于领先国家之列，在某些领域，在建设新一代军队、新技术时代军队上要成为绝对的领先者"的任务，认为这对于保障俄罗斯国家主权、和平与公民安全、国家自信地发展、奉行有利于俄罗斯的开放与独立自主的外交方针"具有极其重要的意义"。

首先，必须"密切跟踪世界力量平衡与军事政治形势变化"。首要的是密切跟踪靠近俄罗斯边境以及对俄安全最关键、最重要的战略地区，即"处于潜在高危冲突的中东、朝鲜半岛与欧洲"的形势变化。

其次，从2018年起开始实施新的国家武器装备规划。"已在5月和11月的索契会议上、在莫斯科的多次会议上讨论了其关键参数"。普京还特别强调，"一定要装备空基、陆基和海基精确制导武器，无人打击系统以及单兵装具、最新侦察、通信与无线电电子战系统。""必须从头几个月保障有效、有计划地履行拟定的计划"，并将继续坚持对其"实施常态化监督"。

第三，继续发展核力量。当前俄核力量已处于确保可靠战略威慑的水平，"必须进一步发展"核力量。截至2017年底，俄罗斯"核三位一体"中现代化武器比重已达到79%，预计到2021年前，陆基核力量新武器装备要提高到90%。这指的是，"能够可靠突破反导系统的现有与未来导弹系统"。

第四，大力提升武装力量机动能力。涉及组织后勤、部队调运和供给，以及其在必要时迅速部署和采取行动的能力。

第五，要加强特种作战部队实力。

此外，普京还要求"研究制定加强空降兵部队装备、质量与数量问题"。

普京还把加强军人及其家属的社会保障上升到一项"国家最重要的任务"高度，表示将一如既往坚持优先保障。随着经济复苏，国家有更多的余钱予以保障，计划恢复军人工资津贴的年度指数化（增长），从2018年起提高军人退休金。

普京下冰湖，展示的不仅仅是健硕的肌肉

2018 年 1 月 22 日

据俄罗斯卫星通讯社莫斯科 1 月 19 日电，俄罗斯总统普京在完成圣彼得堡市和列宁格勒州的工作安排后，1 月 18 日前往特维尔州，在那里参观了尼尔—斯托洛布内男修道院，并参加了主显节沐浴，浸入谢利格尔湖的冰窟窿里。

俄总统新闻秘书佩斯科夫称："正值主显节，普京来到礼拜仪式部分，并参加了在谢利格尔湖的主显节沐浴。"据佩斯科夫称，今年俄中部未出现传统上的主显节严寒，因此，"湖区的温度今夜未低于零下 6~7 摄氏度"。他还称，对于普京来说，这已不是主显节沐浴的首次经历。他表示："总统已数年浸入冰窟窿。"

美国驻俄罗斯大使洪博培（英文名乔恩·亨茨曼，Jon Huntsman）日前亦不甘示弱，表示"想接近俄罗斯人"，同样在寒冬进行该习俗。香港媒体 1 月 22 日报道称，从片段中可见，洪博培身穿短裤，在莫斯科郊外的新耶路撒冷修道院，无惧寒冷天气，走进伊斯特拉河中。在众多媒体面前，他多次把全身浸泡在冰水中。他行出水面后，穿上浴袍，饮着热茶表示那是"绝不会忘记的经验"。他指在网上看到该习俗的片段后，决定亲身体验一次，以更深入了解俄罗斯人。离 3 月 18 日俄罗斯总统大选投票日越来越近了，根据民意测验，普京虽然优势明显，但也面临多方面的巨大压力，相信他不会掉以轻心，反之会如履薄冰一样去确保投票顺利进行。

在朝鲜半岛问题上，美国近期召集了多个国家参加朝鲜问题会议，

这些国家出兵形成了当年的"联合国军",但硬是没有邀请中俄这两个主要当事国家,不禁让人感到吃惊。对俄罗斯来讲,这确实是件让人感到没有面子的事,实际上,俄罗斯对朝鲜问题是非常关注的,也极力想增加在朝鲜问题上的影响力和发言权。美国的这种做法无疑是给俄罗斯泼了盆冷水。俄罗斯毫不掩饰自己的愤怒,外长拉夫罗夫甚至批评说美国邀请了多个和朝鲜半岛毫无关系的国家,而把中俄这两个对朝鲜问题有重要影响力的国家置于一旁,明确表达了对美国的不满。

俄罗斯在2015年逆势介入叙利亚问题,联合土耳其、伊朗等国家,在与美国主导的国际反恐联盟的争斗中占据上风,成功保住了巴沙尔政权。从俄罗斯在朝鲜问题的各种表态看,它现在似乎又想"故技重演",充当美国和朝鲜的调停人,实际上是想在朝鲜半岛发挥更大的作用,对此美国是相当警惕的。俄罗斯要想在朝鲜问题上取得在中东,特别是在叙利亚问题上那样的成绩,显然难度要大得多。

西方对俄罗斯的制裁持续进行,这对经济状况不佳的俄罗斯构成了巨大的压力。在国内,普京所面临的压力同样不小。普京的支持率虽然占据明显的优势,但是反对派提名的候选人有相互呼应、联合的趋势。在虚拟的网络世界中兴风作浪,被认为是普京真正对手的纳瓦里内,仍然高举反腐的旗号不时制造麻烦。普京恩师的女儿索布恰克,则以"反对所有人"的竞选旗号呼应纳瓦里内,产生不小的影响。其他候选人也提出自己的"新政"主张。为了提高自己的影响力而批评当局的政策是候选人惯有的做法,不过这些仍然给普京的竞选带来较大的压力。反对派攻击普京在经济上鲜有作为,质疑俄罗斯经济指标,有反对者声称反映经济回暖的经济指标是为普京竞选服务的,甚至称叙利亚战争的胜利进程也是为普京竞选服务的。面对这些问题,普京目前还未给予正面回应。

普京今年 66 岁，对一个大国领导人来说正是黄金时期。在主显节入冰湖，普京不仅展示了自己健硕的肌肉，更是想展现自己不畏艰难的强大意志。面对大选前的这个"多事之秋"，"压力山大"，究竟几何，或许只有在冰水中的普京最清楚。

第 2 篇

"战斗民族"的"战斗范儿"

普京的"没实力的愤怒毫无意义""不准备动武,就别拿起武器""领土问题没有谈判,只有战争""我们疆土确实很大,可没一寸是多余的"等豪言折射出了普京外交的强硬风格,可你知道现实中他是如何"刚柔并济"的吗?

论道G20：俄罗斯眼中的G20

2016 年 9 月 2 日

当今世界，国际秩序的重建进入关键时期，全球治理的协作程度和国际受益面也达到历史最高点。由中国主办的 2016 年 G20 杭州峰会即将举行，作为新时期全球治理机制创新的代表，G20 正在国际社会扮演非常重要的角色。俄罗斯是 G20 重要成员，2013 年承办了第八次峰会，近年对 G20 关注度明显上升，俄已将其视为促进全球发展与国际治理的重要平台，并对 G20 杭州峰会有着自身的考虑和看法。

俄罗斯如何看待G20的地位

俄视 G20 为促进全球发展与国际治理的重要平台，近年来对其更加倚重。乌克兰危机爆发后，俄罗斯与西方大国关系一度走向冰点。2014 年俄被"逐出"G8 后，对 G20 进一步倚重。在俄《对外政策构想》和《国家安全战略》中，G20 与"金砖"（金砖国家组织）、上合（上海合作组织）等并列，为俄倚重的多边外交平台，仅次于联合国。普京指出："G20 反映亚、非、拉世界经济地位上升，对俄十分重要。"俄罗斯人深知，要想在世界金融体系和国际秩序重建的过程中发挥主导作用，成为新体系和新秩序运行规则的制定者，必须在 G20 框架内首先从"可靠、务实的伙伴"做起，积极参与全球治理。俄罗斯政界、学界希望在俄罗斯的参与下，G20 能在促进世界经济复苏、改善国际能源治理体系、改革国际金融体系等方面发挥特殊重要作用。

俄罗斯对G20的诉求

今年，作为"最尊贵的客人"之一受邀参加中国主办的G20杭州峰会，俄罗斯期待取得更加丰硕的成果。

一是继续深化俄中关系。俄舆论普遍认为，此次G20峰会将向世界展示俄中关系一如既往处于最高水平。俄驻华大使杰尼索夫在接受媒体采访时指出，"俄罗斯期望G20峰会上俄中双方在业已取得的经济合作成果基础上，深入推进两国发展战略对接和'一带一路'建设同欧亚经济联盟建设对接合作，进而在欧亚大陆发展更高水平、更深层次的经济合作关系，为建立世界经济新秩序带来更大活力。"

二是借G20并推多边、双边外交。首先，俄主张在G20峰会前举行金砖国家领导人会晤，协调立场，为发展中国家发声。普京认为，金砖国家领导人在G20峰会之前会面意义重大，有助于协调和统一对全球经济问题立场，合力推动世界经济、金融机制改革。其次，俄可能在峰会期间灵活穿插双边外交。去年G20土耳其峰会期间，普京借机与美总统奥巴马、德总理默克尔、土总统埃尔多安、沙特国王萨勒曼等会面，就政治解决叙利亚危机、协调反恐行动等交换意见。今年来，俄与西方在叙合作有一定进展，双方关系有"解冻"迹象。G20杭州峰会是俄与美欧关系正常化的关键节点，俄或伺机与美欧领导人面谈叙利亚、乌克兰、反恐等问题，进一步缓和双边关系。

三是期待峰会取得建设性务实成果。俄总理梅德韦杰夫认为，今年G20应继续促进国际金融体系深化改革，并倡导加强各国宏观经济政策沟通，力争达成协议，防范全球风险。据俄媒体报道，俄还希望能借助G20平台继续推动"国际能源枢纽"项目，完善G20国家间反腐合作的法规，以及探讨电子商务合作等。

利用G20为俄罗斯的国家现代化服务，是俄战略目标之一。关于G20

的未来发展，俄认为，加强G20政治职能是大势所趋。俄著名智库"瓦尔代国际辩论俱乐部"2015年年度报告提议，将G20扩展为政治协调机构，以"谱写21世纪的全球政治乐章"。未来，俄罗斯一定会瞄准G20这一重量级平台，推进互联互通和良性互动，积极争取和分享国际领导权，朝着国际关系的重要参与者、国际游戏规则的制定者以及国际体系转型的推动者目标积极奋力推进。

相似的"特""普"二人能使美俄进入"蜜月期"吗[①]

2016年11月16日

11月9日,特朗普出人意料地以明显优势战胜了选前信心满满又被很多人看好的希拉里当选为美国第45任总统。普京在特朗普当选当天就发去贺电,表示希望通过共同努力使"俄美关系摆脱危机状态",并认为俄美能展开"建设性对话"。

特朗普很早以前就曾表现出对普京的好感。2014年特朗普表达从政意愿后,对俄罗斯政府表现得更为亲近。竞选期间,他多次表示对美俄关系现状的不满,认为奥巴马政府应当与俄罗斯开展更为"积极的"对话。普京与特朗普的频繁"互动"预示着美俄关系要推倒重启吗?

高度相似的特普外交理念,对抗还是对话

进一步分析特朗普的外交政策和处事风格,我们会发现他和普京有很多相似之处。首先,他们都是特立独行的人,经常发出惊世骇俗的言论,都不按规则出牌;其次,特朗普增加军事投入、重建军力的言论与普京如出一辙;再次,两人对很多国际问题的看法相似,都认为俄美关系目前发展不太令人满意,希望推动双边关系正常化,推动双方就最广泛问题进行建设性互动。普京与特朗普二人的相似点可能为美俄关系在未来打开更多的对话空间,为两国在发展经贸关系以及共同打击国际恐怖主义和极端主义等问题上增加合作的可能性。普京新闻秘书佩斯科夫9日表示,特

[①] 本文原名《特朗普上台,俄美关系"迎来春天"?》,载于国际在线(北京),2016-11-16。

朗普当选后，俄罗斯准备与美国修复关系，这是不是就意味着俄美冲突将快速消失，双方将更多通过对话而非对抗解决冲突了呢？

美俄关系将走向何方

特朗普当选美国总统之后，美俄关系是否会进入"实在"的蜜月期呢？两国关系的修复将会达到怎样的程度呢？

首先，特朗普上台后美国对国际事务的干预可能将显著减少；美国会将主要精力放在国内，致力于美国国内问题的解决和美国经济复兴。这种变化将为俄罗斯开启更大的外交空间，也会弱化两国在某些国际事务上的矛盾与争执。这一点从特朗普竞选期间的表态以及美国国内选民求变的心态可以得出结论。特朗普时代美俄关系走向缓和、博弈激烈程度减弱是基本可预见的趋势，叙利亚问题将是俄美关系重启的试金石，从目前态势看，俄美讨价还价彻底解决此问题的可能性在增加，但进程和结果可能会超出常规思维。

其次，寻求"关系的改善"和"务实合作"将成为两国关系今后一段时间发展的主线。这将有利于美国专心处理国内事务、维护自身国家利益。特朗普上任后对俄罗斯经济制裁的压力会有实质性的减弱，俄罗斯也会释放善意力图尽快解除制裁以缓解国内经济的压力。这一点，瑞典外长就曾坦言，特朗普当选美国总统可能使欧盟在对俄制裁的问题上失去美国的重要支持，制裁俄罗斯的政策可能被废除。

第三，从特朗普的"选战"过程分析，不排除特朗普投桃报李的心态。两人之间一系列的互动似乎在向世人展示美俄关系即将从目前的低水平状态实现快速正常化，有消息披露，普京和特朗普都在争取提前实现会晤，涉及一系列的问题，包括叙利亚、乌克兰、解除制裁、释放俄国飞行员等。

美俄关系的恢复是否会一帆风顺、迅速解冻呢？冰冻三尺非一日之寒。美俄两国经历了漫长的对抗后，受到诸多现实因素的制约，要想恢复到理想的状态，尚需要相当长时间的努力。

首先，由于国家和全球战略利益的迥异，双方在核心利益上的冲突是根本性的，结构性矛盾仍将会很突出。俄罗斯有媒体认为，要改善对俄关系，特朗普首先应在俄最为关切的解除制裁、叙利亚和乌克兰等问题上做出相应姿态，然而在这些问题上迅速取得进展的想法是不现实的。特别是乌克兰问题，作为美国的重要利益，不但是测试美欧关系、北约关系的试金石，也是考验美国"价值观"的试金石。即使特朗普入主白宫，也不代表其完全的战略收缩，这就意味着美俄关系即使走向缓和，也不能说明美国会放弃乌克兰，毕竟乌克兰现在是亲西方的政府，而俄罗斯长期是西方社会排斥的"他者"。因此，作为俄罗斯地缘政治的核心利益，乌克兰问题会成为俄美之间难以解决的"天然屏障"。

其次，美俄之间能实现领导人间的正常互动已是难得的突破。就如佩斯科夫9日表示的，俄罗斯准备与美国修复关系，并不意味着俄美冲突会立即消失，不过，重要的是是否有意愿通过对话而非对抗解决冲突。显然，修复两国关系的主导权在美国。特朗普上台让俄美关系迎来了一个转机，且双方都有走出僵局的意愿。不过只有符合美国国家利益，特朗普的外交团队才会考虑改善美俄关系。从美国共和党的历史分析，其政治取向较为保守，对外和国防政策强硬。所以，俄美关系改善也将是缓慢的、曲折的。

再次，选举过程中的言论并非等同于实际实施。特朗普入主白宫之后，会不会放弃竞选期间的一些承诺呢？虽然特朗普多次表示美国应该改善与俄罗斯的关系，但这些言论能在多大程度上转化为实际政策，俄方还在继续观望。再者，从美国对外政策的集体决策机制来看，即便特朗普真有改善与俄罗斯关系的愿望，也会受到美国现有政治体制的制约。这意味着美国对俄的政策不太可能因为某一位总统的上台而出现重大调整和改变，可能调整的只是策略和战术。俄美关系目前尚处于"迫对方就范"的阶段，双方都没通过妥协换取对方让步的意思，所以俄美两国能够和平友好地开展对话本就是一个重大突破。

俄罗斯会重启古巴军事基地吗[①]

2016 年 12 月 10 日

据俄罗斯塔斯社 12 月 9 日报道，12 月 8 日，俄罗斯和古巴签署了 2020 年前防务领域合作的计划。俄罗斯副总理罗戈津表示，俄罗斯将为古巴实现军事现代化提供帮助，确保古巴具备应对安全挑战的能力。除了防务领域的合作，两国还在交通、医疗和基建等领域签署了合作协议。虽然两国没有向外界公布防务合作的具体细节（因为防务合作涉及军事秘密），但从以往两国的军事合作和普京的对外政策可以分析，两国可能会在人员培训、武器装备升级和换代等方面进行合作，两国防务合作将进入新阶段。

目前，古巴军队的武器装备大部分是苏/俄制造的，而且一部分还是苏联解体前的武器装备，与世界先进水平存在一定差距，在经费有限的情况下，升级现有武器装备是最好的抉择。普京上台之后，俄罗斯国防工业水平有了很大程度的提高，具备为古巴升级武器装备的技术能力，并且可以提供相关人员培训服务。因此，武器装备升级和更新换代将成为未来俄古防务合作的重点。

古巴曾是苏联的盟国，即使苏联解体后，与俄罗斯的防务合作也比较密切，两个设在古巴的俄军事基地直到 2002 年才关闭，关闭的主要原因还是当时俄罗斯国力衰弱，无法维持古巴军事基地的正常运转。笔者认为，俄罗斯未来有可能向古巴输出一些军事技术，比如一些不敏感的

[①] 澎湃新闻记者谢瑞强在采访笔者基础上发表了题为"俄罗斯古巴签署防务合作协议，是否重启古巴军事基地引发关注"一文。

武器装备零部件生产、组装等，这样古巴武器不需要运到俄罗斯就可以进行升级。

2013年俄罗斯同古巴签署了一项协议，免除古巴在苏联时期欠下的320亿美元债务中的90%，这一协议的签署解决了两国长达20多年的债务问题争吵，其一定程度上影响了两国防务领域的合作。债务免除也为双方各领域包括防务领域的进一步合作铺平了道路。

俄罗斯会启动古巴军事基地吗？外界一直对俄是否重启古巴军事基地非常感兴趣，此类报道也不时见诸报端。2014年7月，俄罗斯总统普京曾经否认媒体有关俄罗斯计划在古巴洛尔德斯重新设立监听站的报道。报道称，有关俄罗斯在远离国土的地方重开军事设施的评论是在美俄关系紧张之际发表的。

据美国之音2016年10月8日报道，在俄罗斯下议院国家杜马，有议员问俄罗斯军队是否会重返像古巴和越南这样的国家，俄罗斯国防部副部长尼古拉·潘科夫表示，俄方正在做这方面的工作。但潘科夫没有提供任何细节。克里姆林宫发言人佩斯科夫10月7日也被问及在古巴和越南建立军事基地的可能性。他拒绝直接做出回应，并说这个问题应当向国防部提问。不过，佩斯科夫说："国际形势不是一成不变的，而是在不停变化，你可以看到在俄罗斯过去两年里针对国际事务与国家安全机制做出的重大调整。所有的国家自然会根据国家利益对国际形势变化进行充分的评估，并制定相应的政策对国际形势变化做出回应。"

俄新社2016年11月21日报道称，俄罗斯联邦委员会国防与安全委员会主席维克托·奥泽罗夫表示，有关恢复俄在古巴和越南军事基地的对话在俄军方以及官方代表团出访两国期间进行。奥泽罗夫称："俄外交部曾发表声明称，俄罗斯没有就此（恢复俄在古巴和越南的军事基地）开展正式谈判。但这并不意味着俄罗斯军方代表团和官方代表团访问古巴和越南时，不会在谈判桌上提及这些军事基地恢复运行的可能条件。"

还表示，越南、古巴和俄罗斯都有着对过去的留恋。他强调，需要认真考虑的不仅有恢复军事基地的好处，还有存在的风险。对此，当时，越南外交部和古巴当局对此事并未予以回应。

总的来看，不能完全排除俄罗斯重启古巴军事基地的可能性，但观察普京外交战略和军事战略，近期重启古巴军事基地的可能性比较低。从近期普京发表的2016年度国情咨文可以看出，咨文总体基调比以前乐观，没有将国家面临的安全问题放在首位，而是把内政作为聚焦点。特朗普竞选成功之后，克里姆林宫对改善美俄关系释放出了比较大的善意，也表达了有此愿望。美俄关系改善有助于缓解西方对俄罗斯的经济制裁。振兴经济发展，符合俄罗斯的国家利益。若在近期重启在古巴的军事基地，无助于改善美俄关系。

除了俄罗斯方面的因素，古巴方面的因素也不能忽略。相对菲德尔·卡斯特罗，劳尔·卡斯特罗的外交政策更加灵活和务实，不会实行"一边倒"的外交政策。因此，为了避免刺激美国，使美古关系出现倒退，劳尔·卡斯特罗在处理古俄防务合作问题上会非常谨慎，将会把两国防务合作限制在一定范围内，服从国家整体利益。

普京国情咨文的四大特点及
透露的俄罗斯内政外交关系①

2016 年 12 月 13 日

2016 年 12 月 1 日，俄罗斯总统普京发表 2016 年度国情咨文的演讲。俄罗斯年度国情咨文一般反映了当年俄所面临的内外局势，并提出今后内政外交的施政方向。这是俄罗斯领导人自 2000 年以来的第 13 次国情咨文演讲，也是普京本任期内发表的第 5 次年度国情咨文。

普京国情咨文的四大特点

此次国情咨文涉及俄美、俄中、俄印、俄日等国的外交战略，以及国内的教育、人口、反腐等领域的国内政策问题。无论从咨文内容上看，还是从普京演讲风格来看，此次国情咨文的演讲与往年相比，显现出以下几个特点。

首先，强调人民团结，肯定了俄公民的国家意识和民族情怀。普京在今年的国情咨文演讲中呼吁"我们是统一的，人民是团结的，我们只有一个俄罗斯"，人民团结和民族凝聚力关系到俄领导层施政的政治根基的稳固性。普京强调公民要增强国家意识和民族认同感，担当起实现经济复苏，破除内外交困的历史重任。唯有在思想观念上形成统一的共同体，民族和国家的对外政策才能更显凝聚力，俄人民才会从符号、观念

---

① 本文为笔者给彭湃新闻的特约撰稿，原标题为"普京国情咨文期待改善美俄关系，特朗普能否回应他的愿望"，有删减。

上认同，更多地转化为日常行动上的一致。

其次，外交战略上的风向有所扭转。普京强调在坚持独立自主外交立场的基础之上，发展与世界上其他大国的关系。在本次国情咨文演讲中，普京特别强调了俄美关系，"在平等互惠的基础之上，我们期待和美国新一届政府展开合作"。

此次演讲在军事方面少有提及，弱化军事和外交上的强硬路线有利于促进俄美关系正常化，普京表示对改善俄美关系抱有很大的期待，并积极把发展俄美关系放在外交战略第一位。这表明俄政府一定程度上摒弃了敌对思维，期待改善同美国的关系也就意味着同欧盟的关系也需要走向正常化。

在对东方主要国家的外交态度上，普京首先肯定了俄中全面战略协作伙伴关系是世界大国间关系的典范，同时强调需要进一步推动俄日、俄印关系的发展。这说明俄罗斯在面临巨大的政治经济军事困境之下，有意把日本、印度作为新的战略支撑点和突破口。

再次，此次演讲亲和、诙谐，所谈及的政策内容更加亲民、实际。今年的国情咨文涉及国内民生的主要有教育、人口政策、反腐等重大内容，这反映了普京政府的执政理念有了新的转变。他表明国家所有公共政策的出发点都是要爱护人民，人口的增长和教育的投入是俄罗斯未来经济发展的主要动力源泉。但是，普京未提及近三年国内居民人均收入持续下降的情况，可能是有意规避。

最后，此次国情咨文内容更加务实，略显低调，普京没有表现出十分强硬的态势。普京承认了西方国家的经济制裁给俄经济带来了很大的消极影响。同时，他对待国际反恐问题的态度也有了转变，"我们明白自己责任的尺度，并确实真诚地准备参与解决世界和地区问题。当然，是在那些我们适合、需要以及必要的地方"。

一方面，俄看到了反恐给本国经济复苏带来一定程度的影响；另一方面，对自身的反恐对象也有了更明确的界定和认识。可以看出，在今后几年里，俄反恐力度和范围会有所缩小。

国情咨文透露的俄罗斯内政外交消息

普京今年的国情咨文之所以会呈现上述特点，其原因大致有如下三点。

首先，从根本上看，俄罗斯面临着内外交困的局面。西方国家的多轮经济制裁以及石油等能源价格的下降，使俄罗斯的经济一直萎靡不振，经济产业结构和能源消费结构调整速度缓慢，自2013年以来居民人均收入持续三年下降。这是当前俄经济面临的最现实问题。这也会严重影响到普京政府今后施政的信度和效度。另外，近年来，高强度的国际反恐和长期陷入叙利亚战争的泥潭也相当程度上拖累了俄国经济。

其次，从直接现状来看，美国特朗普政府即将上台，这为改善俄美关系提供一种新的思维和途径。俄希望能从中寻找一种新的方式和途径改善两国关系。同时，普京高度肯定了中俄关系，是要给中国一颗战略"定心丸"，想让中国成为其稳定的战略支援后方。

最后，普京个人的家国情怀愈加深厚。作为一名政治家，他对祖国未来难以预测的发展前景表示担忧；同时，民众对普京的支持率比较高。根据俄民意调查机构——列瓦达社会舆论调查中心2016年10月份的调查数据显示，支持普京连任的民意支持率达到63%。

据此，我们可以推测，在即将到来的2018年俄总统大选，普京应该可以连任。这也是他施政的倾向更加亲民、实际，着力发展国内经济，增加居民收入，改善居民现实生活条件的最直接动机，也是其执政的当务之急。

俄驻土大使被刺杀，普京应该报复谁[①]

2016 年 12 月 20 日

凌晨一点多被媒体朋友叫醒，"别睡了，有大料，俄罗斯驻土耳其的大使被害了！"

大使遇刺美术馆

当地时间 12 月 19 日夜晚，俄罗斯驻土耳其大使安德烈·卡尔洛夫应邀参加在土耳其首都安卡拉首都美术馆举办的名为"土耳其人眼中的俄罗斯"的摄影展，一个伪装成大使保镖的枪手混入展览所在的大楼对官员进行了袭击，当时卡尔洛夫正准备为该活动发表开幕演讲，但不幸随后遭遇枪击受重伤，后经抢救无效身亡。

凶手是谁

土耳其内政部部长苏莱曼·索伊卢赶到现场后证实，杀害俄驻土大使的凶手是一名警察。索伊卢说，此人名叫麦夫柳特·迈尔特·阿特林塔斯（Mevlut Mert Altintas），1994 年生人，只有 22 岁，来自马尼萨省，毕业于警察学院，在安全部队工作了两年半。据塔斯社报道，凶手系今年土耳其军事政变后被清洗的人员之一。据俄罗斯媒体报道，包括凶手母亲和姐姐（妹妹）在内的五名与刺杀案有关的人员已经被警方控制并带往安卡拉进行进一步的调查。

[①] 本文被多家主流媒体转载。

举世震惊

刺杀事件发生后，土耳其总统埃尔多安立即与俄罗斯总统普京进行了电话通报，并对俄驻土大使卡尔洛夫遇害发表特别声明，称这起恐怖袭击是对土耳其人民的攻击。埃尔多安说："我怀着恨意谴责谋杀俄罗斯大使安德烈·卡尔洛夫的行径。我们目前正与俄罗斯进行紧密接触，尤其是在叙利亚问题和停止阿勒颇流血问题上。这起恐怖袭击也是对土耳其人民的攻击，这是公然挑衅。"埃尔多安说，这起恐怖袭击旨在破坏俄土两国开始正常化的关系。他说："这起悲剧发生后，反恐斗争问题上应更加团结，将会加强安全措施。"土俄总理也对该事件进行了讨论，土耳其外长访问莫斯科的计划如期进行，在代表团抵达莫斯科后，就代表土耳其人民和政府就俄大使遇害向俄罗斯人民表示慰问，并称土总统和全国人民都为事件感到悲痛。联合国安理会将俄驻土大使遇害案认定为恐袭并予以谴责，公告文本早些时候由俄罗斯代表团提交。安理会的声明称："联合国安理会成员国严厉谴责了12月19日在土耳其安卡拉发生的致使俄大使遇害的恐怖袭击。"声明还称："联合国安理会成员国强调，必须将该恐怖活动的执行者、组织者和赞助者绳之以法。"另外，美国当选总统特朗普也表达了谴责恐怖分子的立场，并声明愿意为俄罗斯提供情报和调查方面的帮助，西方主要国家都一致强烈谴责恐怖主义。

事件的主要影响

俄罗斯外长拉夫罗夫在"俄罗斯24"电视台节目上说："我们商定将联合调查这起兽行。"他补充说，俄方的特别侦查组20日即将起飞前往土耳其参与调查。他指出："最主要的是要明白这起罪行的幕后黑手是谁。"该事件是在俄罗斯支持的叙利亚政府军在东部战场阿勒颇取得重大战果的情况下发生的，恐怖主义分子在丢失最后一个重要的战略据点的情况下策划报复，从而刺杀俄罗斯大使是有可能的。俄罗斯参议院防卫及保安委员会的代理主席、资深参议员克连斯韦奇认为，这是一宗有预谋的袭击。他说："人人都知道他会出席那个摄影展，凶手可能是'伊斯兰国'，也可能是想打击（土耳其总统）埃尔多安的库尔德分子，但更可能是北约成员国的特工。"他还称，这可能是对俄罗斯的挑衅，也是对该国的挑战。据报道，克连斯韦奇是俄国总统普京的党友。

在调查结果没有出来之前，俄土关系暂时不会受到影响，我们认为恐怖主义为报复丢失战略要地阿勒颇，系幕后主谋的可能性较大，有关北约特工策划的言论缺乏证据支持，系猜测，土耳其安保措施稀稀落落，责任难逃，这也说明今年针对土耳其总统埃尔多安的军事政变及随后的大清洗对土耳其社会造成较大程度的分裂，短期难以平复。另外，该事件将使得国际反恐阵线空前团结，在打击"伊斯兰国"等恐怖组织方面，各国将进一步合作，叙利亚问题将迎来彻底被解决的良机。

俄大使被刺，促解中东乱局[1]

2016 年 12 月 23 日

2016 年全球格局发生了很多让大家印象深刻的事情，不管是美国大选、中东地区的变幻莫测，还是菲律宾和中国的问题，当然也有土耳其和俄罗斯关系的问题，都吸引了大家的眼球，特别是特朗普采取了所谓的草根主义，最终战胜了呼声非常高的希拉里，从而引发了全球的激烈争论。

这个争论的核心就是草根主义是否代替了精英主义。特朗普是非常喜欢自媒体的，他除了代表了大资本家这个阶层以外，同时也抓住了美国普通老百姓的选票，所以也不能说特朗普是绝对的草根主义，但是他知道，在美国的选举体制下，每一个草根都是他登上总统宝座的重要分子。今天晚上，听讲座的朋友遍布全国各地甚至是世界各地，我们借助察哈尔学会这个平台，进行一次思想方面的交流。

近几天最火爆、最吸引人眼球的，在全球范围之内最令人关注的问题就是俄罗斯驻土耳其大使安德烈·卡尔洛夫在土耳其首都安卡拉被刺，重伤以后抢救无效身亡的事件。

有关大使被刺的原因、主谋，现在有各种各样的观点，本着实事求是的原则，我做了比较公正的评判，我把这个事件的来龙去脉先给大家梳理一下，同时说一下叙利亚问题。叙利亚问题也是今年全球关注的一个焦点，特别是在前几天，叙利亚政府军拿下了叙利亚军事重镇阿勒颇，

---

[1] 本文根据笔者在察哈尔学会组织的讲座实录整理，有删减。

为叙利亚内战带来了重大的转折,这是我们今天讲座的两条主线。

我先给大家汇报一下大使遇刺的几个节点。12月19日的夜晚,俄罗斯驻土耳其大使应邀参加在土耳其首都安卡拉一家美术馆举办的名为"土耳其人眼中的俄罗斯"的摄影展。有一个非常年轻的伪装成大使保镖的枪手,混入了该展览所在的大楼,对正在作开幕演讲的大使进行了袭击,造成大使身负重伤,之后抢救无效离世,造就了19日晚上这个举世震惊的事件。

这个枪手在行刺的过程中先是站在大使的右后侧,冒充大使保镖的身份,掏出手枪对着大使的背部打了一枪,然后怕一枪不解决问题,又向已经倒地的大使补了几枪。在枪击大使之后,这个杀手在会议大厅高呼:"真主阿克巴尔(真主至大,即大赞辞),是你们俄罗斯人破坏了阿勒颇,毁坏了整个叙利亚,我已经发誓会殉教而死!"这是杀手在现场大声高喊的话,请各位朋友留意一下,说这个话是真心的,还是事先安排好的?对我们未来分析大使遇刺的原因是一个重要的参考证据。

是什么人这么胆大包天,可以在一个国家首都的公共场合对一个大国的大使持枪袭击呢?这个人的身份是土耳其内政部长赶到现场经过确认以后对外宣布的,这个人的身份也值得我们注意。找到凶手的身份也是我们未来分析整个事件的主谋和原因需要重点注意的地方。土耳其内政部长在到达现场后,对外宣布杀害俄大使的凶手是一名警察,名字叫麦夫柳特·迈尔特·阿特林塔斯,1994年生人,也就是说只有22岁,来自土耳其的马尼萨省。凶手毕业于土耳其的警察学院,并且在土耳其的安全部队服役了两年半。根据俄罗斯媒体报道,凶手就是今年土耳其军事政变中被清洗的人员之一。另据俄罗斯媒体报道,包括凶手的母亲和他的姐姐或妹妹在内的五名与凶手有关的人员已经被警方控制,并把这五个嫌疑人带往了安卡拉,进行进一步调查。

凶手的证件。事件发生以后,土耳其可以说乱成了一团。历史上土耳其与俄罗斯曾经发生过无数次战争，基本上属于吃亏的角色，联想到今年中东之战，土耳其击落俄飞机一事，土耳其上上下下领导班子非常重视。枪击发生后，土耳其总统埃尔多安就立即与俄罗斯总统普京进行了电话通报，并对大使的遇难发表了特别声明，称恐怖袭击是对整个土耳其人民的攻击，可以说这个话说得比较到家，也能体现出埃尔多安非常焦虑的心情。他的原话是这么说的："我怀着恨意谴责谋杀俄罗斯大使的行径，我们目前正在与俄罗斯进行紧密接触，尤其是在叙利亚问题上和停止阿勒颇流血问题上。这起恐怖袭击也是对土耳其人民的攻击，这是公然的挑衅。"按埃尔多安的观点，恐怖袭击的目的就是破坏俄土两国开始正常化的关系。他自圆其说地说："这次悲剧发生后，在反恐斗争问题上，我们会更加团结，加强安全措施。"土耳其的总理也就该事件与俄总理进行了电话讨论。19日到20日是土耳其访问莫斯科的时间，土耳其高层指示土耳其外长如期到达莫斯科，并代表土耳其人民和政府就俄大使遇难向俄罗斯人民表示慰问，并称土耳其总统和全国人民都为这个事件感到悲痛。

　　其他方面的反应。联合国也是谴责恐怖袭击，安理会声明，安理会常任理事国严厉谴责12月19日在土耳其安卡拉发生的致俄大使遇害的恐怖袭击，安理会成员国强调必须将恐怖活动的执行者、组织者和赞助者绳之以法。美国新当选的总统特朗普也表达了对该事件的谴责，他声明对这个事件调查可以向俄罗斯提供信息和情报方面的帮助。另外西方一些国家如德国、法国、日本都一致对恐怖主义表达了强烈谴责的态度。在这里我们要说一下，即使在战争年代，如"一战""二战"时期，枪杀外交人员特别是一个国家主要的大使这样的事件也是非常罕见的，必将引来一致的谴责。从这一点来说，这个事件的幕后策划者应该是有极端思想的人，他对国际秩序、对多年来国际的一贯做法基本上是充耳不闻、视而不见的。

我们看一下这起事件对世界的主要影响。俄罗斯外长拉夫罗夫在"俄罗斯24"电视台节目上说:"我们商定将联合调查这起兽行。"他补充说,俄方特别调查组20日就会飞往土耳其,参与该事件的调查。对俄罗斯来讲,最主要的目的就是查明这个罪行的幕后黑手。

行刺大使事件是俄罗斯支持的叙利亚政府军在东部战场阿勒颇取得重大战果的情况下发生的,恐怖主义在丢失了最后一个重要的战略据点的情况下,发生了这个事件,我认为叙利亚的极端组织、反对派、IS("伊斯兰国"),都有可能是这次事件的幕后策划者,极端组织的可能性更大(本次讲座结束后,叙利亚极端组织"征服军"宣称对此次事件负责)。他们在失去自己最后一个据点的情况下走极端,采取这个谋划行刺俄大使的行为,这种可能性是存在的。

另外的一个不同的意见是,来自俄罗斯参议院防卫及保安委员会的代理主席、资深议员克连斯维奇认为,这是一次有预谋的袭击,他说:"人人都知道他会出席那个摄影展,凶手可能是'伊斯兰国',也可能是想打击埃尔多安的库尔德分子,但更可能是北约成员国的特工。"他认为,只有特工,才有这么高的手段,可以神不知鬼不觉地混入一个有安保测试的现场。并且,他还放出狠话说,如果是某一个国家的特工,那就是对整个俄罗斯的挑衅,也是对整个俄罗斯盟友的挑衅。克连斯维奇这个人是普京一党的,都属于统一俄罗斯党,该党是俄罗斯最大执政党,他与普京是一个党,而且私交是不错的。

12月19日晚,俄罗斯总统普京召开会议,谴责此次刺杀事件是"恐怖主义行径"。

那么整个事件大体的结构,它给大家展现出来哪些问题呢?俄罗斯和土耳其到底是怎么了?

我看今天中午央视的午间新闻,两个主持人觉得,俄罗斯不叫战斗民族吗,土耳其打下他一架飞机,两家反而和好了?现在大使又在土耳其遇刺了，怎么两家越走越近了？

回答这个问题，我们主要看这个主线和分支的关系。我们不能认为一个大使被行刺，俄罗斯就要不顾及国家利益而做出轻率的决定，关键还要看这个大使行刺是不是土耳其政府所为。如果土耳其不是主谋，那土耳其最多也就负有安保措施不到位的责任。

俄罗斯和土耳其联合调查组对这个事情没有结论以前，俄罗斯与土耳其两国的关系不会受到大的影响。我认为恐怖主义之所以报复，原因是它丢失了最后一块战略要地，这个可能性是比较大的。普京密友说是北约特工策划的这个言论缺乏证据支持，属于猜测的行为。但是土耳其至少要负有安保措施不到位的责任，毕竟是一个公开场合，毕竟是一国大使，怎么凶手就神不知鬼不觉地混了进去，还刺杀成功了，这太无法无天了，土耳其对安保措施不到位还是要负主要责任的。考虑到这个杀手是警察身份，又在安全部队工作过，且今年土耳其发生了军事政变，之后土耳其总统进行了"大清洗"，对土耳其整个社会造成了程度比较大的分裂，我们可以推测，短期内土耳其仍然不是一个平安之地。

大使遇刺事件可能会使国际反恐阵线空前团结，具体表现在打击"伊斯兰国"等恐怖组织，各个国家会进一步合作。联想到俄美关系即将进入"蜜月期"，叙利亚问题在叙利亚政府压倒性胜利的情况下，将迎来一个彻底解决的良机。

12月20日，俄罗斯、土耳其和伊朗三国外交部长和国防部长在莫斯科就叙利亚问题举行会晤。

以上是大使遇刺事件的主要脉络，我们再说一下叙利亚内战。

叙利亚内战从2011年初持续至今，实际上是反政府示威活动演变成了武装冲突。叙利亚的反政府示威活动产生以后，叙利亚反对派要求巴沙尔·阿萨德下台，造成了两派——政府和反对派不可调和的矛盾，阿萨德拒绝反对派的要求。反对派有自己的武装，与政府军接连爆发冲突。

同时反对派还指责政府在人权方面使用酷刑、滥用法律等，指出了叙利亚政府很多很多非常严重的事情。反对叙利亚的代表政治组织于2011年9月15日在土耳其的伊斯坦布尔组建了"叙利亚全国委员会"。叙利亚反对派的主要武装，主要是"叙利亚自由军"和"叙利亚解放军"。这些反对派武装的主要目的就是要推翻现在的叙利亚政权。反对派武装得到了西方国家的支持，这种支持是全方位的，包括武器、军事人员培训及大量的资金支持。甚至还有阿拉伯联盟的一些国家，像沙特，直接参加战争指挥。但是叙利亚政府得到了俄罗斯的支持，这也是全方位的，主要是武器、军事的支持。

叙利亚内战有两个重要节点：开始的时候，反对派是越打越厉害，占领了大量地盘，甚至压倒了巴沙尔政权，地盘比巴沙尔政权的还要多。后来，在巴沙尔政权岌岌可危的情况下，2015年的9月3日，俄罗斯联邦委员会批准了俄罗斯可以在叙利亚动用武装力量的决议。俄罗斯出兵叙利亚，现在已经进行了一万次以上的空袭。

俄罗斯为什么要亲自动手扶持阿萨德政权呢？而且到目前来看是成功地扭转了战局。简单地说，俄罗斯出兵有五个主要原因。

第一，政府军军事上节节败退，多条战线形势对其非常不利。巴沙尔政府拥有30多万政府军，打了几年，消耗了将近一半，而且各条战线上都出现了越打越疲软的状况。这时候俄罗斯如果再不出兵，巴沙尔很有可能战败了，这是第一个原因。

第二个原因，美国主导的国际联盟进行的空袭对"伊斯兰国"收效甚微。在打击"伊斯兰国"问题上美国本应与叙利亚政府军合作，但是美国搞了一个双重标准，它觉得巴沙尔和它还不是一条阵线，美国在叙利亚及中东地区的空袭态度是耐人寻味的。俄罗斯这时候出手，可以表明俄罗斯出兵的必要性，而且还能占领道义上的高地。

第三个原因，"伊斯兰国"武装人员越打越多，越打越强。通过与政府军的战斗，"伊斯兰国"的人员不但没有减少反而越来越多。过去"伊斯兰国"的武装人员也就是三万到四万人，但是在某一个时间节点上达到五六万人，甚至可能超过这个数字，这些是比较保守的数字。而且它的财力较强，兵员补充源源不断，再不采取措施可能就会越做越大。

第四个原因，叙利亚成了全球难民最多的国家，不断发生一些人道主义方面的重大事件，在全球舆论上非常受关注。

最主要的原因重点说一下，俄罗斯说了这么多冠冕堂皇的理由，又是人道主义，又是打击恐怖主义，实际上俄罗斯出兵最主要的原因就是要全力维护它在叙利亚的利益。在一年以前，由于美国主导的全球同盟对反对派的支持，实际上在中东地区俄罗斯说话已经没人听了，只剩下叙利亚最后一块地方。叙利亚是俄罗斯传统的势力范围，如果这块地方再丢失的话，对俄罗斯来讲在中东地区就丢失掉一个重要的立足点。

俄罗斯在慎重考虑以后，觉得叙利亚这个地区是核心利益，也就是不能丢失的地方，这才是俄出兵最重要的原因。这样在中东地区，在叙利亚，就产生了俄罗斯支持政府军的一派，以及西方国家以美国为主导的国际联盟这一派。

分析中东问题，要分清楚哪一派是哪一派。叙利亚反政府武装实际上有十多个这样的派别，美国最初的想法是把所有的反对派整合起来一致去打击政府军，把巴沙尔推翻以后，再找一个美国的代理人。但是美国的算盘也没有打好，失算了，反对政府军的十多个军事派别，都是各自为政，都是自己看着一亩三分地，表面上说联合，一旦有战事便四分五裂，像一群乌合之众，大把大把的银子和武器装备也没有扶起来这些阿斗式的人物。同时，反对派也消耗了美国和西方大量的金钱和人力。美国在全球组织能力非常强，把阿拉伯联盟中的一些国家、欧盟中的国家都拉进来了。当战事打到第四年时，美国终于惊醒，发现这是一场消耗战，短期内赢政府军非常难，那就谈判吧。当时西方在中东地区已经投入了大量的人力物力，所以要价很高，巴沙尔必须下台是谈判的先决条件。想谈判？巴沙尔不下台，我就不跟你谈。俄罗斯的回答是，俄罗斯进入中东是得到了一个民选合法政府的邀请，从而强调自己进入中东的合法性，占到了道义的制高点。至于巴沙尔下不下台的问题，俄罗斯的答复是：由叙利亚人民自己去选择，去决定。

实际上有关叙利亚的和谈，一幕接着一幕，根本没有实质性的发展。有个词叫物极必反，在现代社会中打了五年的仗总得有个结果。在2016年底，解决叙利亚危机的一个重大机会，也就是在两天以前，这个机会到来了，就是叙利亚北部重镇阿勒颇的拉锯战，叙利亚政府军压倒性的胜利，产生了这样一个局面。阿勒颇曾经是叙利亚最大的城市和经济中心，政府军与反政府军先后在这里打了四年多，基本上是不分胜负。有人把阿勒颇比喻成过去的斯大林格勒的巷战，虽然这个比喻不恰当，但是两者也有一些相似的地方。

阿勒颇的重要性在哪儿呢？因为在叙利亚三个最重要的城市（大马士革、阿勒颇、霍姆斯）当中，政府军已经占了两个（大马士革与霍姆斯），如果再拿下阿勒颇，那就意味着反政府武装将没有战略要地，而且会退守经济相对欠发达的地区，那就只能是打游击了。这个时候西方国家就着急了，他们毕竟前期投入了大量的人力物力，不能看着自己大把的银子付诸东流，他们多次采取使用人道主义危机、难民的理由，寻求与俄罗斯及叙利亚政府的谈判，但这都是醉翁之意不在酒。它们是在反对派处于劣势的情况下，以谈判为幌子，为反对派争取时间，以图反败为胜。但是反对派就是不争气，它们看中的是西方国家的武器和用不完的银子，所以说就在前几天反对派实在是打不下去了，现在这时候美国又提出了一个建议，双方谈判，最后达成妥协。这个妥协就是反对派武装撤出最后一个战略要地阿勒颇，但是有要求，必须保证撤出去武装人员的安全。俄罗斯对这个建议最后也同意了，可以撤出，但是撤出时只能携带轻武器。俄罗斯和西方国家的主要分歧在哪里呢？就是谈人道主义可以，但是人道主义绝对不能政治化。所谓人道主义政治化就是说打着人道主义的这个幌子，为对方争取时间，为反对派搞军事安排，实际上是在不断地为反对派创造这种机会。昨天晚上十点钟，经过第二次的安理会闭门协商，双方达成一致。在此以前中国和俄罗斯对设立禁飞区、人道主义走廊等草案意见一致，中俄联手已经五次在联合国安理会常任理事会上投了否决票，历史上中国一共有十二次在联合国安理会行使否决权，仅仅在叙利亚问题上中俄就联手五次，从一个方面可以反映出中俄关系处在历史最好水平的现状。

　　阿勒颇之战，让我们看到叙利亚战争结束的曙光。但是，这次俄罗斯的做法有些耐人寻味，大家可以考虑一下。在俄罗斯的支持下，叙利亚政府军越打越勇，本来最后一个据点可以完全乘胜追击，打击反对派武装，但是却同意设立一个求生通道。俄国的考虑一方面是为了避免更多伤亡，另一方面也是为了消解舆论上的压力。

　　我的观点是，俄罗斯这么做，是有它的目的。它的目的就是把问题的解决留给新当选的美国总统特朗普。我们知道，奥巴马执政的这两届八年，俄美关系处在历史的一个冰点，俄国不想将解决叙利亚危机这样一个大"红包"留给奥巴马，更愿意与未来一个月上台的总统进行讨价还价，这也有利于俄美关系新的开始或重启。说到重启，不得不说俄美到底会重启到什么程度。特朗普采取全球收缩的战略无疑会给俄罗斯、中国发展带来更大的潜力和空间。但是想要解决所有的问题也是不可能的事，比如说两个国家存在的结构性矛盾，就像乌克兰问题，俄美之间存在的结构性矛盾是不好调和的。

　　考虑到特朗普竞选期间与普京之间这种良好的互动，不排除特朗普有投桃报李的心态。我的个人观点是他可能会选择在解决中东问题、叙利亚问题上充分地与俄罗斯进行合作。整个叙利亚问题的解决，有可能会超出我们正常的思维，整个过程和结果，可能会让大家意想不到。

以上我们说了一个大使遇刺的简要经过、叙利亚内战的历史和最新的一些情况。那么大使遇刺怎么会催化叙利亚问题的解决呢？这里面就有玄机了，因为事件发展到一定程度总会有解决方法，这里就有两个重要因素。

第一个因素就是政府军取得了压倒性的胜利，俄罗斯觉得自己士气大振，毕竟是叙政府咸鱼翻生了。以前俄罗斯在中东说话都没有多少人听，到现在他的发言权甚至压倒美国，特别是最近几天，在军事重镇阿勒颇，政府军又取得了长足胜利，这是一个重要的原因。

还有一个因素就是，美国当选总统特朗普还有一个月就要入主白宫了，这就为解决叙利亚问题带来一个非常好的契机。可以注意普京的国情咨文，以往都是示强，今年示弱，他是在为特朗普上台以后创造一个有利的条件，营造一个良好的重启关系的气氛。俄罗斯人使遇刺恰恰就是在这个时间发生的，他的遇刺引来了包括中国、美国、俄罗斯、欧洲、日本等全世界主要国家一致谴责恐怖主义势力这绝好的解决问题的气氛。大使遇刺仅仅是这个事情的一环，外交人员遇刺本是一件恶劣的事件，但是他的遇刺，催化了整个世界对反恐的重视，还有可能使反恐力量在国际上产生一种空前团结的局面，也就会为迅速超常规地解决叙利亚问题带来非常难得的机遇。

[互动问答环节]

夏国涵：埃尔多安会否就坡下驴，把这件事情安在居伦组织头上？因为刺杀者是安保人员，基本可以看作半个内鬼，又被击毙了，无法录到口供，死无对证，土耳其埃尔多安政府会否借此事再向美国施加压力要求引渡居伦？如果这件事最终被扯到居伦身上，那么美国难逃干系，会否影响未来俄美在特朗普上任后可能的关系缓和？众所周知，俄美关系缓和虽然有利于反恐，但并不符合欧洲利益，欧洲刚刚通过2017年对俄制裁决议，就是想逼宫一下特朗普，给个下马威。

笔者：这个问题提得很好，这也是我关注的。回答问题以前我们要看一下土耳其新一届政府的一些执政特点。

在击落俄罗斯飞机这个事件上，土耳其这个做法让人觉得不大气，其手段给人不那么光明正大的感觉。所以是不是土耳其在自编自演，有政府不可告人的目的呢？这种可能性也是存在的，也是不能忽视的。俄罗斯今天已经派了一个十八人的调查团，到土耳其调查这个事情，也证明了俄罗斯对土耳其政府的一种不信任。

夏博士想象力很丰富，因为你是一环扣一环的。首先确定有内鬼，接着联想到前期逃居到美国的居伦组织身上。居伦组织现在是在美国避难，如果行刺者是居伦组织的人，那就一定和美国逃脱不了干系，必将也会影响新的俄美关系。

在这个调查结果没有出来以前，我们不能轻易否定任何一种猜想。但是我认为这个有内鬼或者说是土耳其自编自演这种可能性不大。我认为最大的可能性应该还是极端的恐怖主义为了军事战场上的失误，采取的破罐子破摔的一种手段，而且这种手段也不高明，适得其反，它会引起土耳其和俄罗斯更好的合作，甚至引来了舆论的压倒性的对恐怖主义的谴责。

特朗普的上台是搅动了整个国际关系的神经。他是个精明的生意人，他采取一些非常规的手段，老是不按规矩出牌。现在他是看到了洗牌过程中的红利，具体做法就是制造各个地区的不稳定、不安全甚至是混乱，以图美国利益最大化，我们一定要留意，防着他漫天要价。

欧洲是美国传统的盟友。由于奥巴马执政两届共八年，他们形成了一个比较一致的看法。欧洲通过法案也是奥巴马前段时间访欧的一个主要目的，他是去当说客了，形成了这种政策的连续性也毫不奇怪。

但是特朗普有特朗普的特点，今天你通过这个，明天他还会想办法不执行或者说无视这种所谓的合约。但是我觉得不管特朗普个性怎么样，他还是受制于美国的外交体系。比如说美国国会、特朗普的外交班子，美国政府原来一些政策的延续性都将在短期内会对特朗普造成有效的制约。即使他有心与俄罗斯冰火两重天地赶快重归于好，但不能回避这一体系对他的节制。有一句形象的话说，就是特朗普这张旧船票，是很难上普京这条船的。

如果要是真的说有证据证明就是居伦组织干的，这个事情就会产生连锁反应。从目前的发展来讲，行刺大使这个事件，站在居伦组织的角度上来讲，还是有利于居伦组织的。

现在我们不要过早地去寻找最终的结论，毕竟是一天前刚刚发生的事儿。我们应该多收集影响结果的多方面的证据，不是寻找这样那样的原因，如美国、北约特工，包括居伦组织，我觉得应该不是最大的可能。

俄罗斯已经派了由十八人组成的调查团前往土耳其，让我们拭目以待吧！今天的主要目的就是让大家了解这个事情，谈谈我所掌握的一些情况，有利于大家做出自己的判断。

"海纳百川"：俄罗斯人为什么与众不同？

笔者：俄罗斯挺特别，现在大家看看各种媒体，是西方联合起来集体唱衰俄罗斯，使它的形象非常差。实际上俄罗斯有它的特点和独到之处的。俄罗斯是世界上产生各领域世界级大师最多的国家，科技教育一直都是它比较领先的方向。军事上是世界上唯一可以与美国抗衡的力量，无论是格鲁吉亚还是克里米亚，特别是"收复"克里米亚，普京甚至自夸是豪举，是具有艺术性的！

我在莫斯科大学学习了八年，把我亲身的感受给大家讲一下。我个人总结的俄罗斯人有四个特点。

第一个特点是崇尚武力。我们做一个不恰当的比喻，俄罗斯人有一种彪悍的民族特性，就是说他这个种族看起来比较好斗，也许这样说也不太恰当，但无论是"二战"时期的德国法西斯还是日本法西斯，都还是比较惧他的。俄罗斯国土辽阔，有1709.82万平方公里（2017），是经过彼得大帝时代以后逐渐成为强国的，气候比较寒冷造就了他这个性格与众不同的地方，这也是很多朋友所关注的一个问题。我曾经多次亲眼看到，在俄罗斯，父母们在冰天雪地里，让他们年幼的孩子在雪地里冻着锻炼，我曾经问过他们，就不怕零下几十度的气温冻坏了孩子吗？他们有比较一致的回答，就是，他们应该在冰冷中成长！

第二个特点是宗教性。他们信奉基督教的一个分支东正教。东正教的核心，就是有一种骑士精神在里面，说人来到这个世界上就肩负了拯救整个世界的一种不可推卸的责任。

第三个特点是俄罗斯人都具有比较强的艺术品质。我们看到有些俄罗斯人长得五大三粗，肥头大耳的，但他们都会唱歌，都会跳舞，都会弹钢琴，有的还会拉小提琴。这些比较奇怪，我们中国传统故事当中的英雄人物，如张飞、鲁智深、武松，这些人如果会拉小提琴，会弹钢琴，会跳芭蕾，简直是不可想象的。但是俄罗斯人不一样，俄罗斯人确实如此。

最后一个特点就是俄罗斯人有走两极分化的这样的性格特点，就是善恶分明的两极分化。在大学里，我支持哪个老师的观点我就毫不隐瞒自己的观点，我反对哪个老师的观点我也说不同意，这些在俄罗斯人当中都是很平常的事。

李航：请问王老师，俄罗斯用兵为何能在格鲁吉亚、克里米亚、叙利亚屡屡取得佳绩？

笔者：俄罗斯的外交比较成熟、比较老到，说它老奸巨猾也不为过。以克里米亚为例，克里米亚有非常重要的战略地位，在苏联时期是赫鲁晓夫送给了乌克兰，但是当时是在一个国家框架之内的，怎么样才能把它收回来呢？如果不收回来，可能会被亲西方政府剥夺俄罗斯在乌克兰的利益，比如说它的黑海舰队。

包括出兵叙利亚，我也觉得俄罗斯基本上是以比较小的代价获取了比较大的收成，这个值得我们好好去研究。

整个"收复"克里米亚的过程，确实有非常像武侠小说般的情节展现在眼前，当时俄罗斯使用了所谓的"小绿人"。"小绿人"是什么呢？就是把特种部队空投到克里米亚，但是空投的时候不能带有任何的军事标志。

这些"小绿人"占据了克里米亚的重要据点，然后俄罗斯采取了多管齐下这样的策略，首先从舆论上迷惑西方，觉得它不会做出非常大的动作，另一方面它加紧撤换掉了克里米亚的行政长官，换上的是俄罗斯人认可的代理人。

兵不厌诈，同时俄罗斯采取了间谍的手法，也有黑客的说法。据说是潜入乌克兰的国防部，给克里米亚军方下达了不能抵抗的命令：抵抗没有意义，一定不能抵抗。这一下就使那些驻克里米亚的乌军无所适从，一方面比较畏惧俄罗斯强大的军力，另外一方面他们又收到了不抵抗的命令，这就使其在军事力量上被俄军全部俘虏，而且还留下了大量的军事设施。

而且俄罗斯非常果断，它觉得前期效果非常好的情况下，把公投克里米亚入俄的时间又提前了大概一个多月，最终造就了从法理上并入俄联邦的这种局面。

世界各地包括欧洲、美国研究克里米亚这个事件的学者非常多，有关这方面的文献也很多，建议大家去看一看。我个人的观点是克里米亚被"兼并"体现了俄罗斯外交比较成熟的特点，手法也很技术性，兵不血刃地没有费一枪一炮就得到了这么一块肥肉，所以说有必要多去研究一下俄罗斯。时间过得太快了，今天先回答到这里，以后有机会我们继续交流，谢谢大家！

奥巴马最后的杀威棒到底打倒了谁

2016 年 12 月 31 日

  12月29日美国奥巴马政府以"干涉选举"和"对美驻俄外交官施压"为由对9家俄罗斯的机构、公司和个人实施了制裁，其中包括俄军总参谋部情报总局以及联邦安全局。美方还关闭了属于俄外交财产的两座住宅楼，它们被称为俄常驻纽约代表处和俄驻华盛顿大使馆的郊外"别墅"。此外，将35名俄驻美外交官宣布为不受欢迎的人，令其72小时内离境。

  奥巴马出这样的大招，真的仅仅是在报复俄罗斯吗？答案是否定的，奥巴马是醉翁之意不在酒，项庄舞剑意在沛公也！无论是驱逐和制裁外交情报人员，还是关闭两个领事馆，对俄罗斯来说都是无大碍，因为通过人员换岗及职能整合，完全可以消化；因为这类制裁所带来的困难，对比经济制裁来讲就像花拳绣腿，其效果更是小巫见大巫而已。

  那么奥巴马真正的目标又是谁呢？是2016年最让他伤心的人，从民主党手里奇迹般地夺得美国总统宝座的特朗普是也！

  在美国政治文化中，即将卸任的总统和即将上任的总统通常有这么一个现象，在最后的时间里双方要进行权力交接的活动，一般情况下，双方会充分交流，即将卸任的总统会给即将接任的总统创造一定的条件，以便使其就任后有个良好的开局，而即将接任的总统为了得到一个良好的开局，通常会在一定程度上延续上届政府的某些政策，即将卸任的总统就可以一定程度上维护自己的政治遗产。但是如果二者理念不同，甚至是产生了相当大的分歧，那么即将卸任的总统就会使用自己最后阶段的公权力，颁布一些"维护性"的法令等措施，一来可以让其政策在法理上具有了一定的延续性，二来可以给继任者制造一定的障碍和困难。奥巴马就是在这样的时期采取了这样的系列措施，由此看出，奥巴马与特朗普的政权交接将是不顺利的。事后特朗普发表声明"应该是新的开始了"，暗示未来将坚决推行自己的政策。

奥巴马最后的杀威棒对美俄关系影响如何呢？

我们知道，俄美关系中的两个主角普京和特朗普具有三个相似点：第一，都是特立独行的人，都有不按照规则出牌的风格。第二，特朗普提出建设强大的军队，并增加军事预算的主张与普京如出一辙。第三，"双普"都对当前的俄美关系不满意，都声称需要加强对话从而长足地发展双边关系。奥巴马最后时期的杀威棒挥出后，我们看看俄罗斯方面的反应，就能对未来的俄美关系看出端倪。俄罗斯外交部在事件发生后已经向俄总统普京提交了对美国奥巴马政府实行的新制裁和驱逐35名俄驻美外交官的回应建议。俄外交部建议从俄罗斯驱逐31名美国驻莫斯科大使馆工作人员和4名美国驻圣彼得堡领事馆工作人员，同时禁止美国外交官使用在谢列布里亚内博尔的外交别墅。这个对应措施要是在先前，可以看作是以牙还牙、针锋相对的有战斗民族特点的对应措施。俄罗斯总理梅德韦杰夫在自己的推特上写道："遗憾的是，奥巴马政府以恢复合作开始，以反俄痛苦结束其任期。"俄罗斯外长拉夫罗夫发表视频讲话说："即将离任的奥巴马政府指责俄罗斯犯下所有大罪，试图指责我们破坏其外交政策倡议。你们知道，该政府还毫无根据地提出更多指责称，俄罗斯方面在国家级别上介入美国总统选举活动，这导致民主党候选人失败。昨天美国政府在没有出示任何事实与证据的情况下宣布对俄罗斯实行新一轮制裁。"俄罗斯总统发言人也表示，俄罗斯将会推出对应措施。

12月29日，美国媒体曝光了位于马里兰州的"窝藏"俄罗斯间谍的豪宅。事态一切都像人们预料的那样发展着，当大家等着俄罗斯发布针对性的措施的时候，俄罗斯总统又是怎么回应的呢？今天晚上普京就美国制裁表示，俄方将美国政府新一轮不友好措施视为旨在继续破坏两国关系的挑衅，但是俄罗斯不会派出任何人回应美方的举措。普京表示，依据国际惯例，俄方有充分理由回应美方采取的措施。随后克里姆林宫发布消息称，普京邀请美国驻俄使馆外交官子女参加克里姆林宫举办的新年枞树晚会！这就是普京，这就是以"硬汉"著称的普京，普京以德报怨的回应更是彰显了他与奥巴马的不同，两个核大国的总统一起打了八年的交道，堂堂美国总统，又一次完败在眼前。普京这次的以德报怨说明他对未来俄美改善关系抱有信心，并有较大的期待，同时又一次在新年来临之际为即将上任的特朗普伸出了大大的橄榄枝！摆在特朗普面前已经没有除了积极改善双边关系以外的路径可以选择了。

　　奥巴马的制裁措施短期内会给美俄关系发展带来一定的困难，但是从长远看，有利因素大于消极因素，原因是特朗普对于改善美俄关系的态度已经很明确，这个节点上人为的制造困难和障碍不但不会改变他的方针，反而适得其反，很可能坚定他的决心，因此会给美俄关系带来更大的"反弹力"，这可能是奥巴马没有想到的。俄美关系的改善是大概率的事情，奥巴马两届八年采取的是美国扩张的政策，这一政策已经让美国力不从心，而特朗普声称的是美国优先的情况下相对收缩的理念。综合分析，特朗普上台后会大比例地修改和否定上届政府的政策，从另外一个方面讲，奥巴马的杀威棒没有打到俄罗斯，也没有严重打到特朗普，他的这一报复性的维护自己政治遗产的政策不能说是有远见的，甚至这个最后时期的杀威棒真正打倒的可能就是他自己。

解读俄罗斯外交新变化

2017 年 1 月 14 日

2016 年对于俄罗斯来说是极其不平凡的一年，世界局势继续深度变化，俄罗斯作为世界大国依然可以在各种国际事件中看到它强大的身影。这一年，俄中关系达到新高度，俄美继续冷眼相看、在叙利亚问题上互不相让，欧盟对俄制裁仍然没有放松……展望 2017 年，俄罗斯将如何在世界政治格局中继续发挥影响力？面对特朗普的上台，俄罗斯将如何应对？新年伊始，作为察哈尔学会研究员，笔者接受了察哈尔学会就这些热点问题的采访，以下为采访实录。

察哈尔学会：首先您能总结一下 2016 年中俄合作有哪些亮点吗？

笔者：2016 年，是《中俄睦邻友好合作条约》签署十五周年，习近平主席与普京总统年内实现了五次会晤，对两国关系及时做出了新的战略规划和部署，中俄全方位的战略协作已经远远超出了双边范畴，成为维护世界和平的一块重要的压舱石。

除了两国元首实现五次会晤以外，中俄两国还有总理之间的定期会晤，中国人大与俄罗斯议会的会晤和交流，两国执政党之间的对话机制，中共中央办公厅与俄罗斯总统办公厅也签署了合作认定书等。同时，两国还有五个联合委员会，分别是政府首脑定期会晤机制委员会、人文合作委员会、军事技术交流委员会、投资合作委员会、能源合作委员会，这是与其他任何一个国家都没有的情况，反映出中俄全方位战略协作伙伴关系的特殊性。

此外，两国加强了在安理会的协作，多次联手否决了西方国家提出的有关叙利亚的一些不合理的提案。

2016年，中俄两国在意识形态和对外宣传方面的共同语言越来越多，双方对外宣传的媒体交流非常频繁，两国不断强调要共同对抗、反对"颜色革命"以及西方所谓的"民主输出"，同时两国都反对篡改"二战"历史。

在经济上，2016年，两国在经济领域达成了一系列的重要协议。俄罗斯允许中国继续收购俄罗斯能源企业的股权，双方达成了中国高铁第一次境外落地——莫斯科到喀山的高铁。同时，两国一致同意把中国的"一带一路"倡议与俄罗斯的欧亚经济联盟对接，及中国"振兴东北老工业基地"与俄罗斯"振兴远东"的计划进行有机结合。

在军事上，中俄"海上联合-2016"军事演习得以顺利实施，这是两国海军首次在南海进行联合军演。中国军队参加了俄罗斯举办的"国际军事比赛-2016"，两国军队举行首次计算机模拟反导演习，提升军事合作层次。另外两国还在2016年敲定了俄罗斯向中国出售Su-35战机和S-400防空导弹武器系统的协议，首批Su-35战机已经在年底运抵中国。无论是Su-35战机，还是S-400防空导弹系统在俄罗斯都是非常先进的武器。另外两国安全情报部门的合作也得到了继续加强。

整体上看，中俄两国2016年的合作是富有成效的一年，是硕果累累的一年。

察哈尔学会：去年12月普京签署了新版的《俄罗斯联邦外交政策构想》（以下简称《构想》），您能简单地解读一下新版政策吗？新版《构想》中俄罗斯依然强调了对华关系的重要性，但是却将独联体国家列为外交的优先发展方向，您认为俄罗斯这样做是出于什么样的考虑？

笔者：俄罗斯曾经在1993、2000、2008和2013年出台过《构想》作为国家和领导人执政期间外交政策的纲领性文件，在最新版的《构想》中，我觉得和2013年的版本有很多相似之处，但也有不同之处。

首先我们要知道《构想》作为一个纲领性的文件，它的制定是有一定时间周期性的。我们发现这个《构想》和俄罗斯2015、2016年的外交政策还有很多相似之处，但是在文件里我们发现并没有出现"俄美重启关系"这样一个对美国的政策。我个人认为应该是这个文件在制定时存在真空期的问题，俄在制定《构想》的时候没有将"特朗普上台"这个因素考虑进去。

这次的《构想》主要阐明了俄罗斯在发展大国关系、削减军备、打击国际恐怖主义等方面所持有的立场和态度，呼吁建立平等互利的伙伴关系，并表示将对不友好行为进行强硬回击。这次《构想》和普京的国情咨文以及年底的普京记者招待会上的调子有所不同，俄罗斯对北约东扩会破坏俄罗斯与西方之间对等的这种安全原则方面的认识没有相应的变化。俄罗斯认为北约的东扩会破坏俄罗斯与西方之间的这种对等的整体安全原则，加深欧洲大陆的裂痕。对这一条俄罗斯还是非常敏感的。无论是何种压力，俄罗斯都不会承认美国在国际法框架外行使司法管辖权，"保留对不友好行为采取这种强硬回击的权利"。

这次的《构想》仍然强调了中俄关系的重要性，强调中俄两国在世界关键问题上的立场一致是地区和全球稳定的基本要素。表示俄罗斯将继续同中国发展各领域合作，共同应对新的威胁和挑战，构建一个全面、平等、互信的全面战略协作伙伴关系。2016年，俄中两国在联合国安理会、金砖国家、上合组织、G20等国际组织的合作是非常紧密的。而且这里有必要讲一下就是俄罗斯和中国都推行"多极世界"的理念，这个理念和美国推行的"世界警察"和"一超独大"的理念有分歧甚至是冲突。当前所具备的这种条件使中俄之间产生了非常大的自然相互吸引的力量。所以说，常年以来，俄罗斯一直重视与中国的关系，今年来看也没有多大变化。值得注意的是，俄罗斯今年把中亚地区的国家列入了优先发展的方向，这也是可以理解的，因为中亚一些国家和俄罗斯在苏联时期就是一体的，苏联解体后，俄罗斯也一直与中亚一些国家有着藕断丝连的关系。俄罗斯一直将中亚视为自己的"后花园"，所以说加强同中亚的关系也是天然形成的。

还有一个重要的原因就是中亚地区近年来受到各种因素的影响，已经成为各种势力交汇的地方。俄罗斯感到其在这一地区的影响力在削弱，产生了危机感，因此说俄罗斯把中亚地区国家作为优先发展的对象也是可以理解的。

整体上看，这个《构想》还是比较客观的，符合当前俄罗斯在国际关系、外交方面的实际需要。尽管与普京的国情咨文和年底的记者招待会的调子有出入，但是《构想》作为纲领性的文件并不具备强制力，所以说俄在实际实施外交行为时会做出一定的调整。

察哈尔学会：俄美"双普"互动频繁，您认为俄美现在是否已经进入了"蜜月期"？这种"蜜月期"会持续下去吗？

笔者：俄美关系目前降至了冷战以来的冰点，特朗普胜选以后，"双普"互动频繁，俄美关系可能呈现出冰火两重天的局面。纵观冷战后俄美关系发展演变的过程，我们不难发现，无论双方是否有意愿改善关系，两国关系往往从趋稳、相对友好又滑向冲突、对抗，然后是重启。俄美关系陷入这种循环式"怪圈"的深层原因还在于两国全球战略、国家安全和地缘政治利益迥异，结构性矛盾难以消解。

美国自冷战结束以来一直对俄奉行既接触又遏制的战略，旨在削弱和打压俄罗斯的政策，当前看来仍然没有实质性的改变。在国际事务中，美国在涉及俄安全和战略利益问题上，常常漠视俄方利益，采取的是"一超独大"，或者是"世界警察"的理念。俄罗斯则希望建立国际政治新秩序，推崇的是"多极世界"的理念，反对美国霸权思维和单边主义做法，努力维护俄自身的国家安全和地缘政治利益。

特朗普胜选以后，美俄都表达了改善双边关系的意愿，预计双方会迎来一个比较实在的"蜜月期"。在叙利亚问题上的合作可能会超出正常思维；美国在解除对俄制裁问题上可能会加速；承认或者默许克里米亚入俄，甚至特朗普把俄罗斯当作上任后第一个出访国家我们也不应感到奇怪。但是由于双方理念不同，结构性的矛盾根深蒂固，两国关系能否长期稳定发展仍存在很大的不确定性，再次发生逆转掉进"先改善后恶化"的魔咒的可能性依然存在。

特朗普时代，美国要联俄压中吗

2017 年 2 月 8 日

无论国际社会多么不情愿，也不管美国民众持续不断的抗议，随着 2017 年 1 月 20 日特朗普在华盛顿的宣誓就职，美国进入了真正意义上的特朗普时代。在特朗普斗志昂扬、语不惊人死不休的就职演说中，世界人民读出了美国将以自我为核心，一切"搭美国便车"的行为终将结束的"告白书"。

在特朗普战斗檄文般的就职演说中，尽管他自始至终都在强调美国第一，强调在他治下的美国应当只关心国内经济建设、改善民生；尽管他顺带着宣称要将"伊斯兰国"从地球上抹去，尽管他没有一句提到中国、俄罗斯和世界其他国家，但是，世人依然对这个处处特立独行、标新立异的特朗普抱着警惕之心，揣测他的下一步将做些什么，会如何对待和处理与俄罗斯、中国等国家的关系，并把世界引入怎样多事之秋的时代。

美俄关系会走向缓和吗

最近，美俄两国间可谓精彩纷呈、热闹不断。一边是奥巴马政府针对俄罗斯各种"出拳"，一边是特朗普为俄罗斯的各种"点赞"。"双普"频繁的友好互动与美俄的现实冲突形成鲜明对比。尽管特朗普胜选以后，双方均持续表达着改善美俄双边关系的意愿。不过，美俄两国是否自此进入冰融时代，甚至会步入"蜜月期"呢？

从各方情境来看，俄美两国更有可能呈现冰火两重天的局面。这一态势至少可从以下方面显现。

第一，从冷战后俄美关系的演变过程来看，美国一直对俄奉行既接触又遏制的战略，无论双方是否有意愿改善关系，都一直处于"趋稳—相对友好—冲突对抗之边缘"的循环往复中。出现这一现象的主要原因在于两国在全球战略、国家安全和地缘政治利益等方面迥异，且难以消解这些结构性的矛盾。在国际事务中，俄罗斯希望建立国际政治新秩序、推崇"多极世界"理念、反对美国霸权思维和单边主义的做法，努力维护俄自身的国家安全和地缘政治利益。而一旦涉及俄安全和战略利益问题，美国常常采取漠视俄方利益的态度或者做法。结果，两国间关系紧张也就不足为奇。

第二，"双普"需要面对的依然是美俄一系列棘手的现实冲突与矛盾。

美俄两国近些年的关系已跌至冰点，2016年12月23日，奥巴马在即将卸任之时签署了《波特曼—墨菲反宣传法案》，该法案的核心内容为美国国防部将在2017年获得额外预算，成立"全球作战中心"以对抗外国对美国的宣传。2016年末，奥巴马政府又以俄罗斯涉嫌通过网络袭击干预美国总统选举而驱逐35名俄外交人员，并宣布将关闭两处俄罗斯政府持有的房产。不仅如此，美国还为叙利亚反对派提供武器，并将近4500名美军部署到东欧和波罗的海国家以遏制俄罗斯的扩张。

尽管上述一系列针对俄罗斯的做法可能是奥巴马政府离任前力图保留的政治遗产，甚至可能有意无意地给特朗普埋了些"地雷"，为未来美俄关系的回暖设置障碍。它们是否能够被特朗普一一化解，而不是成为美俄关系的绊脚石，我们仍需拭目以待。俄罗斯高等经济学院欧洲和国际问题综合研究中心副主任德米特里·苏斯洛夫1月21日就谈道，俄美关系回暖时期可能约为两年，之后两国关系可能再度恶化。导致恶化的因素很多，如俄美两国在伊朗问题上的对立将随着事态发展愈演愈烈。

第三，从美国民意分析，无论是国会还是民众，对俄罗斯始终保持比较警惕的态度，反俄声音不绝于耳。以美国参议院军事委员会主席、共和党议员约翰·麦凯恩为例，他甚至认为，若想美俄关系出现改善，必须对普京保持强硬的态度，并对俄罗斯施加更严厉的制裁。有分析认为，奥巴马离任前采取的对俄制裁措施，不但是迎合美国部分国会议员的反俄情绪，更是希望可以借此牵制特朗普缓和美俄关系。

以上因素都可能导致双方关系前景不明。

但是，一些具体问题上，如叙利亚问题、解除对俄制裁问题、克里米亚入俄等问题，两国之间都可能突破以往做法，表现出出乎意料的互信与合作。

令人吃惊的是，面对美国日前以俄罗斯涉嫌通过网络袭击干预美国总统选举为由宣布对俄的新制裁，普京总统反应"大度"，仅表示俄罗斯保留反击的权利，而几乎没有采取任何实质动作。

对此，特朗普则迅速发文称赞普京。由于奥巴马是以总统行政令的方式采取的制裁行动，特朗普完全有权不执行这些制裁。显然，特朗普与普京已经营造出美俄关系即将改善的大氛围，尽管可以改善的空间有限，改善的程度有限。

美俄若抱团，会联合压中吗

从特朗普一贯的表态和竞选口号来看，中国的崛起是美国的心腹大患，特朗普将会对中国采取防范加遏制的政策。预计未来中美之间无论是经济、政治还是其他方面都将进入不稳定发展状态。特朗普的对华政策已经明晰，那么俄罗斯的对华政策是否会因与美国关系的改善而有所改变呢？

首先，从中俄关系的现状来看，两国目前的合作富有成效，硕果累累。

2016年是《中俄睦邻友好合作条约》签署十五周年，习近平主席与普京总统年内实现了五次会晤，对两国关系及时做出了新的战略规划和部署，中俄全方位的战略协作已经远远超出了双边范畴，成为维护世界和平的重要压舱石。此外，两国间从总理、执政党乃至某些行政机关间都建立了广泛的交流和联系机制。在国际层面，两国在联合国安理会、金砖国家、上合组织、G20等国际组织的合作是非常紧密且富有成效的。两国在经济领域达成了一系列重要协议，并在军事领域的合作空前频繁。在意识形态和对外宣传方面的共同语言也越来越多。

其次，中国是俄罗斯重要的友好国家，也是俄罗斯增加抗衡美国的力量之一。

可以说，现在中俄处在关系最好的时期，是全面的战略协作伙伴关系。双方在联合国进行了很多合作，俄罗斯还在中国的支持下获得了在叙利亚问题上的话语权。中俄有一个重要的共同理念就是支持"多极世界"，而美国支持"一超独大"的理念。理念上的冲突会演变成实际的碰撞。当冲突和碰撞发生时，中国的支持是俄罗斯的重要支撑，也是俄罗斯与美国叫板的重要依托。若俄罗斯放弃中俄背靠背的战略伙伴关系，意味着它就没有资格和美国讨价还价。相信政治上长于谋略的普京不会没有预见到这一点。

再次，美国对中国的对抗性政策，或许成为中俄两国关系的考验。

俄罗斯不可能对美国伸出的橄榄枝无动于衷。即使中俄两国关系已经相对坚实，但是，任何国家都不会置本国国家利益于不顾。俄罗斯现在最关注的是解决国内问题，特别是西方对俄制裁的问题以及叙利亚问题。特朗普登台后，可以帮助俄罗斯解决这些棘手的问题。美国帮助俄罗斯解除西方国家的制裁只是时间问题，甚至可能很快就会发生。叙利亚危机也可能在美俄两国的非常规的手段下彻底解决。而这一切对于2018年的俄罗斯总统选举意义重大。

投我以桃，报之以李。出身商人的特朗普不会白白给予俄罗斯想要的东西。俄罗斯或者需要出让其某些利益给美国，或者需要帮助美国实现其战略意图。这些不可能不涉及中国。从功利主义角度来看，当美国对俄罗斯的战略威胁不再像过去那么严重时，俄罗斯对中国的战略需求会下降，主动和中国改善战略关系的意愿就会降低。因此，或许美俄间关系的缓和不会很快甚至不会导致美俄联合遏制中国，但是，俄罗斯对中国的态度或者政策发生变化和调整则几乎是必然的。

　　中—美—俄的关系随着特朗普的上台会存在诸多变数。特朗普三代从商，具备生意人精明、务实、灵活的特点，他标榜自己是新的秩序的建设者，实际上他不是一个搅局者吗？特朗普的讲话中充斥着不破不立、大拆大建的思想，必将遭到美国建制派势力的坚决抵制，根据美国《华尔街日报》最新的民意测验显示，对特朗普持支持态度的仅占38%，而持反对态度的却有40%。由此可见"特朗普时代"的建立将不会是顺利的。

普京突见蒂勒森折射出什么[1]

2017 年 4 月 17 日

临到最后一刻，俄罗斯总统弗拉基米尔·普京 12 日在莫斯科会见了到访的美国国务卿雷克斯·蒂勒森。尽管俄美当前关系敏感脆弱，但俄方还是递出了橄榄枝。

蒂勒森访俄共进行了 7 小时的会谈，有哪些成果？蒂勒森出任国务卿后首次访俄，与俄外长谢尔盖·拉夫罗夫、俄总统普京进行了总共 7 个小时的会谈，对两国关系有什么作用？

笔者认为，普京见蒂勒森表明，双方对一些急迫、棘手问题的谈判有了一定进展。

蒂勒森访俄时间短，但会谈时间不短。在随后的新闻发布会上，蒂勒森和拉夫罗夫分别介绍了一些框架性的会谈成果。

在双边关系上，双方都承认情况不好。蒂勒森说，两国互信"处在低位"，世界上两个核大国"不该有这样的关系"。据报道，普京当天在其他场合也说，俄美互信受到"损害"。

作为会谈成果，双方同意两国外交部门组成工作组，处理两国间累积的问题，以稳定双边关系。

在打击国际恐怖主义方面，双方进行了深入探讨，都同意要加强合作。双方就美国打击叙利亚空军基地以及此前发生的叙利亚化武事件进行了沟通，同意立即派出调查小组，对该事件进行国际调查。

---

[1] 新华社专特稿室记者夏文辉在采访笔者的基础上撰写了《普京突见蒂勒森递出橄榄枝，俄美谈妥了吗》一文。

就叙利亚问题，蒂勒森强调了美国有关叙总统巴沙尔·阿萨德必须下台的主张。拉夫罗夫则表示，俄罗斯支持叙利亚国内各方展开包容性会谈，叙利亚人的命运应由自己决定。

会谈还涉及朝鲜半岛局势、乌克兰局势、网络安全及中东地区局势等。

美国59枚"战斧"导弹打击叙利亚空军基地后，美俄关系日益趋紧，但蒂勒森依然实现访俄，足以显示双方对此访高度重视。尽管访问前后双方都有冷冰冰的讲话，但外界更要注意一些积极说法和进展。比如在朝鲜问题上，双方同意致力于政治和外交手段，实现朝鲜半岛无核化。而从美方表态来看，美国总统唐纳德·特朗普12日说，"如果北约和我们的国家能与俄罗斯好好相处是一件很好的事"。法新社称，这是两国在叙利亚和俄方是否干预美国大选等问题上存在严重分歧情况下，特朗普向普京释放的善意。

在美国打击叙利亚空军基地后，双方中断执行保障安全飞行的谅解备忘录。蒂勒森访俄后，双方12日同意重启这一协议。拉夫罗夫会见蒂勒森表明美俄领导人都有改善关系的意愿，这显示美俄在叙利亚问题上的谅解和妥协，双方都在避免军事对抗。值得注意的是，美国尽管坚持叙总统巴沙尔必须下台，但语气有所缓和。这些，都是蒂勒森访俄取得的显而易见的成果。

不过，美俄之间积累太多历史问题，并且还有很多新问题，都非常棘手，一次访问绝无可能完全解决。美俄关系存在结构性矛盾，也面临改善的历史契机，双方都在高度慎重、认真地权衡、试探、操作。我们注意到，此前舆论谈到的美俄关系改善，是雷声大、雨点小。反观最近舆论有关美俄关系的"受伤"，也是雷声大、雨点小。美俄领导人都有改善关系的意愿，也都是政治个性很强的领导人。美俄互动会在复杂、敏感中进行，两国关系在磕磕绊绊中逐渐进展，应是大概率的情况。

特朗普和普京老约不上，啥原因

2017 年 4 月 29 日

俄罗斯总统普京的新闻秘书佩斯科夫 27 日证实，普京与特朗普暂时没有见面计划。

此前，俄罗斯《生意人报》曾援引俄美政府消息人士的话称，普京和特朗普将于 5 月举行会面。但佩斯科夫称此消息为"主观想法"。他表示，目前没有普京与特朗普会面的筹备。

在美国情报界，去年俄罗斯干涉美总统大选、助攻特朗普胜选的说法一直存在；特朗普本人在竞选期间和获选后也多次公开表示希望在任期内改善美俄关系，并通过社交媒体频频"点赞"普京。不过，传说中的两国领导人会晤至今尚未实现，问题到底出在哪儿呢？

俄美结构性矛盾难解

俄美领导人的"见面不易"折射出俄美关系的复杂性和美国国内政治的敏感性。我们知道，在美国对外战略传统路线中，俄美矛盾很难调和，双方在稳定、力量均衡等问题上存在结构性的矛盾，比如北约东扩问题、萨德问题、叙利亚阿萨德政权问题、乌克兰问题，这些问题都触碰到俄罗斯的战略底线和美国的全球霸权。这些俄美关系中的结构性矛盾无法通过两国领导人相互表达善意而产生实质性改变，俄美关系很难走出"重启—改善—对立—再重启"的怪圈。特朗普在竞选中对俄表现出缓和态度，但任职以来进行了一些人事调整，比如任命麦克马斯特为国家安全事务助理，接替先前因涉嫌与俄罗斯驻美大使不当通话而辞职的迈克尔·弗林。此外，针对克里米亚问题，特朗普做出"俄罗斯应把克里米亚归还乌克兰"的表态。4月7日，美国对叙利亚空军基地发动突然袭击，发射将近60枚巡航导弹。这些事件都说明了俄美关系存在的结构性矛盾难以消解，而且一再被加深和扩大。空袭叙利亚后，美国对俄政策逐渐确立，特朗普用这种极端方式表明自己的态度和立场。从美方一系列举动可以看出，美国对俄罗斯的政策愈加清晰，特朗普在国内的强大压力下，为确保执政地位的稳定，还是拉开了与俄罗斯的距离，逐渐回到传统轨道上来。

利用多边会议见面可能性大

4月，美国国务卿蒂勒森访问俄罗斯，同俄罗斯外长拉夫罗夫会谈，并见到了普京。美俄双方谈到了叙利亚问题、朝鲜半岛问题、乌克兰局势、网络安全和中东地区局势等方面。美俄领导人"老死不相往来"的局面不利于双边关系发展，双方利用国际峰会或多边会议的契机进行会晤可能性更大，比如，7月的二十国集团峰会便是较为合适的节点，但还要看叙利亚事态的发展，如果两国在叙利亚反恐合作进展顺利，将促进普京与特朗普的会晤。如果两国举行会面，双方将主要就解除对俄制裁、叙利亚问题、朝核问题等国际地区局势问题进行讨论。同时有一点我们需要注意的是，俄美双方或许存在一定的默契，两国领导人互相理解对方，给对方留有时间，应对各自国内反美、反俄派的舆论压力，同时创造有利于会晤的气氛。

终于要见面了，
"双普"结束"网恋"走向"线下"

2017 年 6 月 30 日

"世界上最遥远的距离，不是生与死，而是明明彼此相爱，却不能在一起。"我想特朗普与普京对泰戈尔的话一定是感同身受。三年来，两人一直心生好感，网络传情，隔空互粉，怎奈美反俄派重重设障，让这对"恋人"始终不得鹊桥相见。一直都约不上的"双普"，虽然三年来一直"隔空互粉"，但都是在虚拟空间，再不见真人，姑娘都老了，然而这次终于有了机会。俄罗斯卫星通讯社莫斯科 6 月 29 日电，俄罗斯总统新闻秘书佩斯科夫表示，二十国集团峰会期间，俄罗斯总统普京与美国总统特朗普无论如何都将举行会晤。美国总统国家安全事务助理麦克马斯特 29 日表示，美总统特朗普将与俄罗斯总统普京在汉堡G20峰会期间举行会谈。佩斯科夫说："不管怎样，俄美两国元首都会在峰会期间会面。这一点我们已经说过了。"这意味着，特朗普与普京即将结束漫长的网恋岁月，开始面对面的线下时光。

特朗普三年来在自己推特上公开赞美普京竟然达到了 80 多次，没有一次是批评普京的，甚至说普京领导的俄罗斯要比美国更加出色，普京也多次称赞特朗普是"聪明人"，希望俄美关系得到"质的提升"。"双普"都是特立独行的人，性格相似，且意气相投，而且又有俄罗斯助选特朗普的说法，这两位会晤是很可能产生"化学反应"的，那么，他们主要会探讨哪些问题？会做哪些"交易"呢？

第一是为俄美关系重启定下基调。特朗普改善美俄关系的态度是明确的，但是遭遇到了美国既得利益集团和反俄派的强力掣肘，"通俄门"的调查更是让特朗普手忙脚乱，甚至在政治上失去自己的得力干将——前国家安全顾问弗林。这就使得特朗普明白过来，不可以操之过急，当务之急是先稳住阵脚，聪明的生意人特朗普甚至也开始批评俄罗斯来换取自己提名人选的通过，没有人认为这是真的，不过是权宜之计罢了。特朗普也明白了，首先要稳住阵脚，才能实现自己的政治策略。普京也非常配合，关键时刻总是送来"及时雨"，以帮助特朗普站稳脚跟。特朗普发威炒了FBI局长的鱿鱼及3位CNN著名记者的辞职也说明了特朗普逐渐开始站稳了脚跟。这次终于要见面了，首要问题当然是为未来俄美关系的重启定下基调。

第二是叙利亚和乌克兰问题。当前由于俄罗斯、伊朗、土耳其在叙利亚问题上越走越近，在叙利亚问题上俄罗斯争得了主要的话语权，这自然是山姆大叔恼火的事情，于是就有了空袭叙利亚和打下叙利亚军机的事情，美国急速加强武装叙利亚民主军，在阿勒颇战役不利的情况下，争取在攻打"伊斯兰国""首都"拉卡上有所建树，为未来叙利亚问题的解决获取有利筹码。乌克兰问题上特朗普要价很高，虽然俄罗斯归还克里米亚是不可能的事情，但是对于乌东、乌南自治区的定位上，俄罗斯或会听取美国的意见，预计俄美会在叙利亚反恐加强合作与协作，打了6年的叙利亚战争真的迎来真正结束的良机，极端的恐怖组织"伊斯兰国"估计也只能打游击了。

第三是朝鲜半岛问题。特朗普的航母编队和斩首计划并没有吓倒金正恩，朝鲜还是我行我素，文在寅的上台带来和平的曙光，俄罗斯及时地拿出了解决朝鲜问题的"路线图"，并得到了中国的支持，"普大帝"还提出了创造条件促使"美朝首脑会晤"的建议，这一下子朝鲜半岛的牌好像重新洗了一样，估计在俄美讨价还价下，有关各方会在朝鲜半岛找到解决的路线。笔者斗胆先作个预测，未来解决的大结局是，朝鲜冷冻其核武器计划，美韩停止军演和开走航母。

各位看官还要注意一下的是，俄美关系在新形势下变得有些"狡猾"了，或许有一定的默契，都为对方留有一定的时间和空间，有"斗而不破"的特点，美国空袭叙利亚实际上事先通知了俄罗斯，俄罗斯的S400并没有进行拦截，这也让特朗普得分不少。另外一点就是，普京为了争取好的国际环境，17年来罕见地伸出了大大的橄榄枝，甚至回忆说与美国在两次世界大战中是并肩作战的，目的是为即将到来的2018年大选，如何度过这个常规的大选前的"多事之秋"对普京来说才是具有决定意义的，俄美关系的重启并不能改变其"相克"的性质，结构性的矛盾依然根深蒂固，虽然"双普"都表现出了惺惺相惜的表象，但"双普"这次会晤还会是"心相近，行相远"。

元首会晤为中俄关系注入强大动力[①]

2017年7月3日

应俄罗斯总统普京邀请,中国国家主席习近平7月3日至4日对俄罗斯进行国事访问。此访是今年中俄关系发展至关重要的一件大事,必将为中俄全面战略协作伙伴关系新阶段的发展注入强大动力,有助于实现深化两国全面合作的新突破。

政治互信进一步巩固

近年来,中俄两国元首频繁会晤,有力促进了中俄关系发展,两国共同致力于深化全面战略协作伙伴关系,在双方关切的重大国际和地区问题上密切协调,双方政治互信水平不断提高,中俄关系已成为睦邻友好的典范、新型国家关系的楷模,并对全球秩序的稳定做出重大贡献。

今年5月,普京总统来华出席"一带一路"国际合作高峰论坛,习近平主席与普京总统在北京举行了亲切会晤,中俄关系发展在论坛期间再次取得重大成果。

中俄政治互动具有磋商机制多、层级高的巨大优势。随着两国高层交往的持续加强,中俄关系必将继续保持定力,在政治层面进一步增强互信。在国际政治层面,中俄就重大国际和地区问题加强磋商,不仅可在中俄美大国关系调整以及朝鲜半岛、阿富汗、叙利亚和伊朗等国际热点问题上深入交流,积极协作,还可在应对"萨德"入韩、共谋亚太地区安全合作机制等方面加强合作。在国家治理层面,两国均希望进一步

[①] 本文刊发于《光明日报》2017年7月3日国际版头条(10版)。

加强治国理政经验交流，共商治国良方。

经贸合作取得明显进展

目前中俄经贸合作企稳向好。中国已多年保持俄罗斯第一大贸易伙伴地位。2016年，双边贸易额在下滑后重拾升势，同比增长2.2%，达到695.3亿美元。2017年第一季度，中俄贸易同比大幅增长30%以上，贸易结构更趋合理。

同时，中俄务实合作也有明显进展：中俄成立了远东与东北地区合作促进政府间委员会，远东地区吸引中国投资逐年增长，目前有20多个项目正在落实，合同金额达30多亿美元，同江大桥、黑河—布拉戈维申斯克大桥都已开工建设。中俄在海关方面的合作密切，双方已达成一系列简化海关手续的措施，加快通关速度。中俄旅游合作不断升温，赴俄游客数量激增，2016年有130多万中国游客赴俄旅游，"红色游"成为热点。中俄在北极的合作不断加强，双方共建"冰上丝绸之路"的意愿越来越强。中俄农产品贸易已成为中俄贸易增长的新动能，2016年俄罗斯向中国出口农产品的规模增加22%，据俄罗斯海关统计，对华食品出口占俄总食品出口的11%，中国已成为俄罗斯食品最大进口国。中俄跨境电商的迅速发展成为国际贸易畅通的新典范，根据俄罗斯电子商务协会统计数据，2016年中国网店占俄跨境在线贸易总额的52%，销售额达26亿美元，俄罗斯90%的海外邮包来自中国，阿里"全球速卖通"网络电商平台位居俄网站访问量前十名，在俄约拥有2220万用户。中国民营资本也开始大量赴俄投资，过去中俄经贸合作"上热下冷"的情况正在发生实质性改变。

未来，中俄经贸合作前景广阔。中俄经济合作基础厚、市场空间广、产业互补性强，两国经贸合作具有独特的地缘优势、政治优势和人文优势。2017年，随着能源价格回升，俄罗斯经济已开始走出严冬，预计中俄双边贸易将进一步回暖，继续保持增长态势。与此同时，中俄务实合作也将达到新的高度，一些多年来难以推动的项目已陆续上马，双方投资合作将成为重点，中俄将共同研发、生产在全球具有竞争力的产品，最近中俄成立宽体飞机合资企业就代表着这一正确方向。

对接蓝图带来更多合作契机

俄罗斯地处"丝绸之路经济带"的必经通道，且其对独联体国家参与"一带一路"建设有直接影响，是"一带一路"沿线重要大国。而且，俄罗斯发展战略目标与"一带一路"倡议兼容，中俄互相提供重要发展机遇，互为主要优先合作伙伴，均坚持选择符合本国国情的发展道路，确立民族振兴的战略目标，经济合作的同向性和互补性也不断增强。

近年来，"一带一路"倡议与俄罗斯倡导的欧亚经济联盟的对接日益引发各国关注。许多国家已将国内发展与"一带一路"、欧亚经济联盟作为一个整体联系起来考虑，欧亚经济联盟统一运输空间的五大运输走廊项目许多与"一带一路"框架下的务实合作相契合。另外，中俄"五通"建设取得明显进展。在设施联通上，从中国经哈萨克斯坦、俄罗斯通往欧洲的货运铁路、西欧–中国公路，以及中国–中亚天然气管道、中哈石油管道已开始运营；在贸易畅通上，中俄、中哈已初步建立起网络销售平台；在资金融通上，欧亚经济联盟成员国均加入了亚投行，人民币不断走向欧亚经济联盟成员国。

未来，中俄关系发展蕴含更大机遇。"一带一路"建设与欧亚经济联盟对接合作、共建"北南国际运输走廊"等倡议的提出，为深化中俄关系、促进两国合作带来了新的机遇。中俄双方应充分发挥各自优势，充分调动双方参与"一带一路"建设与欧亚经济联盟对接的正能量，挖掘共性，继续营造长期稳定的合作大趋势，抓住新形势下的新契机，使双边关系发展再上新台阶。

"习普"会晤成果丰硕

2017 年 7 月 5 日

7月3日至4日,我国国家主席习近平对俄罗斯进行了国事访问。这是习主席和普京在不到两个月时间内进行的第三次会晤。本次访俄是习近平主席就任以来的第六次俄罗斯之行,引起俄罗斯社会各界的广泛关注并获得高度评价,此次访问获得圆满成功并取得了一系列丰硕成果。

深化了国家、民族和领袖间的深厚友谊

今年是《中俄睦邻友好合作条约》签署16周年,也是中俄战略协作伙伴关系建立21周年。20多年来,中俄两国共同致力于构建以合作共赢为核心的新型国家关系,全面战略协作伙伴关系得到进一步夯实,中俄关系已成为睦邻友好的典范、新型大国关系的楷模。

国之交在于民相亲,与国家间的政治经济交流一同升温的还有民间感情,中俄人文交流和民间交往日渐红火,带动两国民族之间的交往日益密切。

两国元首亦深化了友谊。2013年3月,俄罗斯成为习近平主席当选后出访的首个国家,两国元首进行了长达8个小时的默契会谈。迄今,习近平主席和普京总统在4年里已经会见了22次之多。本次访俄期间,普京总统将荣耀的圣徒安德烈·佩尔沃兹方内勋章授予习主席,此勋章是俄罗斯1698年由彼得一世沙皇设立的,只有一级,系俄罗斯最高荣誉。

在中俄战略互需持续加深的背景下,习主席此访一方面体现出中俄

"手拉手、背靠背"坚定相互支持的政治意义,另一方面也使中俄交往互动机制多、层级高的优势得以继续发挥,据悉,俄总理梅德韦杰夫在会见习主席时已明确表达了今年年内访华的意愿。

访问成果丰硕、亮点纷呈

此次"习普"会晤不仅具有重要政治象征意义,还具有丰富的实质性意义。俄中两国不仅在双方关切的重大国际和地区问题上密切协调,联合向世界发出了中俄一致的声音,还签署了共计约20项文件,可谓成果颇丰。

一是在重大国际问题上保持密切战略协作。访问期间,两国元首就朝鲜半岛局势、叙利亚问题等交换看法。双方一致认为,中俄双方要保持战略协作,劝和促谈,妥善应对朝鲜半岛形势,推动各方通过对话谈判妥善解决朝鲜半岛核问题。会谈后,中俄双方联合发表了关于深化两国全面战略协作伙伴关系的联合声明和《中华人民共和国外交部和俄罗斯联邦外交部关于朝鲜半岛问题的联合声明》,并确定了实施2017—2020《俄中睦邻友好合作条约》的具体行动计划,重申了反对在韩国部署"萨德"反导系统的一致立场。

二是强化经贸合作挖掘更大潜力。此次双方达成的合作文件多项,涉及经贸、农业、能源、基础设施建设、金融、文化等诸多领域。据悉,中俄经济合作今后将在建立跨国生产链、建立能源联盟实施多元化合作计划以及加强核能、交通运输和基础设施领域的合作继续挖掘潜力。

三是加强战略对接谋求新突破。习主席此次访俄,双方还就"丝绸之路经济带"与欧亚经济联盟对接问题进行了磋商。俄罗斯是我国"一带一路"建设沿线的关键大国,其现实需求与我国"一带一路"建设有很多契合点,俄罗斯发展战略目标与我国也具有兼容性。双方的经济发展战略对接空间大,且互为主要优先合作伙伴。

2015年5月8日，习近平主席与普京总统在莫斯科签署《中华人民共和国与俄罗斯联邦关于丝绸之路经济带建设和欧亚经济联盟建设对接合作的联合声明》，表明了双方从战略角度在"一带一路"框架下进行务实合作、促进"一带一盟"对接的良好意愿。近年来，俄罗斯也提出了建设"欧亚全面伙伴关系"及中俄共建"北南国际运输走廊"等倡议。

在我国"一带一路"建设继续推进的背景下，中俄"一带一盟"对接的轮廓日益清晰，未来，双方在"一带一盟"战略对接框架下挖掘共性，继续营造中俄合作长期稳定大局，将可能成为中俄关系发展新的"战略突破"。

"双普"首会闭门长谈，谈什么

2017年7月8日

"双普"终于从长久"网恋""隔空互粉"走到线下，在G20德国汉堡峰会上实现了第一次握手，闭门长谈近两个半小时，内容涉及叙利亚、乌克兰、朝鲜半岛、网络安全、干涉大选等问题，并且达成了自7月9日凌晨起，实现叙利亚东南部地区停火的协议。由于川普对驻军军费问题与欧洲各国特别是德国吵得不可开交，川普在德国遇到了一些不快的事情，如没有协调好酒店，部分随行人员只能住在美国领事馆，酒店被示威者攻击，合影位置被默克尔以牙还牙，为报川普不握手之仇，被弄到边上去了，等等，但这些诸多的不快并没有影响"双普"会晤，双方为这次会晤实际上做了很充分的准备，由于考虑到美国反俄派的阻挠因素，双方采取的是"外冷内热"的策略，原定只有30分钟的会晤却延长到了近两个半小时，双方都对会谈感到满意。

选择叙利亚问题为突破口，双方加强合作，实现叙东南部停火。打了6年的叙利亚战争，目前到了快真正结束的时候了。叙利亚主要的三支军事力量分别是俄罗斯支持的叙利亚政府军、美国支持的叙利亚民主军、土耳其支持的叙利亚自由军，由于俄土两国的走近，俄罗斯获得了在叙利亚问题上的主要话语权。美国只得第二次改口，不再要求叙利亚总统阿萨德下台为先决条件，同意多方协商寻找叙利亚问题解决的方法和途径。叙利亚问题是双方最容易合作的，这样有利于展现双方联合反恐的形象，同时还有利于川普在外交上得分，有助于他在国内站稳脚跟，普京也乐观其成，因为只有川普站稳了，他的亲俄政策才可以得到推进。

乌克兰问题上双方在寻找妥协方案。双方分歧严重，但积极寻找妥协方案。川普的要价是，俄罗斯必须归还克里米亚才能重启美俄关系，无疑这是俄罗斯无法接受的，因为克里米亚关系到黑海舰队的战略利益，这可是俄罗斯的核心利益之一。但是美国对于自己扶持的乌克兰政府也不能不管不问，对待乌东、乌南等地区的自治问题上俄罗斯表现出了灵活性，表示可以听取美国的意见，实际上这些地区明显地都有加入俄罗斯的要求，而俄罗斯一直没有给予积极的回应，预计在这些地区的定位上，比如自治权力、法律地位等，美俄双方存在较大的讨价还价的空间和余地。

朝鲜半岛问题已经成为美国的烫手山芋，令其骑虎难下。川普上台后采取了"一虚一实"的策略，战斧轰炸叙利亚"炫耀军力"为实，航母和军演威慑朝鲜为虚。叙利亚并没有可以攻击到美国的军事能力，所以川普可以随心所欲，但是朝鲜就不同了，以目前朝鲜展示的军力，包括核弹、氢弹、中长程导弹，美国在日韩的军事基地大部分都在朝鲜的射程之内，如果考虑到潜艇等因素，攻击到美国本土也是有可能的。这样一来美国实际上是很有顾忌的，在没有十足的把握之前是不敢轻易动手而采取"斩首行动"等军事行动的，恰恰在这个时候，俄罗斯推出了解决朝鲜问题的"路线图"，并得到中国的支持，朝鲜半岛的形势面临重新洗牌，有中俄联合的因素，美国单方面动武的概率不大，根据这次会谈结果，朝鲜问题还是要交给联合国，这也符合刚刚发布的中俄《联合声明》的精神。

"干涉美国大选"与通俄门调查。俄罗斯外长在会晤通报会上说，美国并没有查到俄罗斯干涉美国大选的任何证据，普京也反唇相讥，世界上多数国家的选举都被美国所"关照"，俄美关系成了美国党派斗争的牺牲品。川普也向普京诉苦说，美国有部分"圈子"里的人拿俄罗斯干涉美大选的题目而不知疲倦地大做文章。有关通俄门的调查问题，虽然没有向外界公布，但应该是"双普"需要谈的重要议题之一。不管是"干涉大选"还是"通俄门"调查，"双普"具有共同的利益取向，可以说是一个战壕的人，随着时间的推移，可能会不了了之，但是美国国内的"反俄派""反特派"实力强大且具有既得利益色彩，且他们绝不会善罢甘休，事情根本不会马上结束，仅仅是进入一个新的"相持"阶段而以，未来有关这两个议题的博弈，还会唇枪舌剑、火星四射！

这次标志性的"双普"首会，其结果超出了外界设想。由于川普新上台和美国强大的国内"反俄派"因素使得俄美双方采取了"外冷内热"的策略；由于川普积极推进美俄关系的重启，俄罗斯也支持新任总统尽快站稳脚跟；由于俄罗斯2018年的总统大选需要有利的国际、国内环境而度过这个"多事之秋"，普京也罕见地向美国伸出了大大的橄榄枝；"双普"性格相似、意气相投也是这次会晤产生"化学反应"的一个原因。由于会晤时间严重超时，计划中的俄日首脑会晤只得延后，安倍竟然苦苦等了两个多小时。

俄美领导人的第一次会面"外冷内热"[1]

2017年7月9日

俄美领导人当地时间7日在德国汉堡的二十国集团（G20）领导人第十二次峰会期间会晤。舆论关注美国总统唐纳德·特朗普上任后同俄罗斯总统弗拉基米尔·普京的第一次面对面打交道，以此研判两国关系走向。

原计划30钟却延至两个多小时的闭门会晤后，美国国务卿蒂勒森和俄罗斯外长拉夫罗夫先后向记者吹风。两国媒体就此看法不同，美联社认为特朗普基本按套路会见了普京，但两国关系依然存在问题。"今日俄罗斯"电视台网站则认为，两位领导人会晤显现"积极化学反应"。

笔者认为，美俄领导人会晤姗姗来迟主要是因为美国国内反俄派的压力，这次的俄美领导人的第一次会面看似漫不经心，其实准备很细致，谈的内容应该很广泛，对下一段美俄关系会产生实质影响，明显是"外冷内热"。

特朗普与普京会晤前夕，两国外长先进行了一次会晤，就是为会谈打前站，说明双方都很重视会面。会谈时间大大延长，美国不惜让日本首相安倍晋三苦苦等候随后的会谈，也显示更重视这次会谈。

从公布的谈话成果看，拉夫罗夫宣布，双方同意于格林尼治时间9日9时（北京时间9日17时）在叙利亚西南部地区开始实施停火。我们知道，叙利亚战争打了6年，美俄协调很重要。解决叙利亚危机，要看

---

[1] 新华社专特稿室记者在采访笔者的基础上撰写了《第一次面对面！俄美领导人会晤"外冷内热"》一文。

美俄的决心。当然，会谈成果或许不局限于叙利亚停火协议。乌克兰、网络安全、反恐、半岛问题等，双方都会沟通立场，尽管不一定有明确成果。

美国媒体着力报道俄罗斯是否干预大选，美联社认为特朗普顺应了美国舆论，当面向普京提出这个问题。据透露出来的消息，特朗普说，一些人借此大做文章，普京则否认俄罗斯干涉，甚至表示美国干涉了世界其他地方的大选。笔者认为，这是做给外人看的，两位领导人都希望"解套"，减轻"通俄门"这个政治包袱。

从政治经验看，普京在总统任期内交往了三任美国总统，特朗普则上任不久，在高层交往上，领导人的经验是不对等的。但对首次会谈的处理，双方都比较稳当，既回应了外界关注，也选择性宣布了会谈成果，同时力免舆论炒作。

美俄关系错综复杂，尽管首次见面顺利，但两位领导人继续面临两国结构性矛盾，并试图找到可操作的应对方案，比如在乌克兰问题上，特朗普在国内压力很大，无法想象他有办法迅速解除对俄制裁，但俄罗斯有理由在矛盾点上作出相应让步，以换取双边关系的转圜，总体而言，这次会谈的积极面不仅是形式上的，也会有实质进展，并会在近期双边、地区和国际关系上有所体现。

俄美"互怼":俄查封美驻俄两处设施并建议美削减驻俄人员

2017 年 7 月 28 日

7月28日俄罗斯外交部宣布,从8月1日起暂停美国驻俄大使馆对莫斯科别墅和多罗日内街仓库的使用权,并建议美国9月1日前将驻俄外交官和技术人员人数削减至455人。俄外交部在声明中称:"我国建议美国方面今年9月1日前调整在驻莫斯科美国使馆,以及驻圣彼得堡、叶卡捷琳堡和符拉迪沃斯托克总领事馆工作的外交官和技术人员的人数,令其与俄驻美外交官和技术人员的人数完全一致。这即是说,将美驻俄使馆和领馆的总工作人数削减至455人。如果美国再采取缩减俄驻美外交官人数的单方行动,俄方将进行对等回应。"

声明还称:"俄方从8月1日起暂停美国驻俄大使馆对莫斯科谢列布里亚内博尔别墅和多罗日内街所有仓库的使用权。"俄外交部表示:"我们保留采取对等措施和其他可触及美国利益的措施的权利。"

美国前总统奥巴马2016年12月29日宣布对俄进行制裁,下令从华盛顿和旧金山驱逐35名俄罗斯外交官,令其72小时内离境,同时被制裁的还包括涉嫌的4名俄罗斯个人及5家实体。奥巴马在一份声明中表示,制裁与驱逐是"在私下和公开对俄罗斯反复警告后,对其违背国际惯例、损害美国利益的行为的必要、合理的回应"。美国政府还下令关闭在纽约州和马里兰州的两处俄罗斯设施,认为俄外交官在此从事"相关情报工作",并将于12月30日中午起禁止俄外交官进入。

俄罗斯并没有在奥巴马驱逐俄外交人员后，马上按照惯例采取对应措施，目的就是为改善俄美关系创造条件，同时也给即将上任的特朗普一个礼包。这次回应事件中，我们发现俄国的措辞比较轻缓，没有像过去那样针锋相对，当前有关对俄制裁的方案在美国参众两院获得通过，并递交特朗普等待签署，当然特朗普有否决的权力，就在这个时候，特朗普的中东问题顾问宣布辞职，这已经是特朗普内阁多位辞职者之一，在美国立足未稳的特朗普是否有否决对俄制裁提案的这个决心，我们需要拭目以待。

俄美斗法加剧，短期内双方关系难转暖[①]

2017年9月3日

美国国务院8月31日宣布，作为对俄罗斯要求削减美驻俄外交机构工作人员的回应，美方要求俄方9月2日前关闭俄驻旧金山总领馆及位于华盛顿和纽约的各一处外交设施。

俄罗斯外交部长谢尔盖·拉夫罗夫和重要议会成员当天均对此表示不满，说俄方会在认真研究美方措施后做出回应。美方对俄采取的最新姿态意味着两国外交战的延续，这一事件将为美俄关系蒙上阴影，两国关系短期内难转暖。

美国要求俄方关闭总领馆及外交设施，是两国外交战的延续，美俄在乌克兰、叙利亚等问题上存在结构性矛盾，两国关系很难取得实质性进展。而且近期美俄外交报复可能升级，但也必须看到，两国仍彼此留有余地，比如此前俄方要求美使馆削减的人员中有大量俄方雇员，并非驱逐美外交官。虽然俄方摆脱美方制裁的希望落空，但俄罗斯总统弗拉基米尔·普京又不希望两国关系彻底闹僵，因此采取有限外交报复，美方此次也做出相应回击。

美国政界人士认为，尽管美俄外交存在摩擦，双方关系仍存有缓冲地带。法新社8月31日援引一名不愿透露姓名美国官员的话报道，美国要求俄关闭驻旧金山总领馆不应理解为驱逐俄罗斯外交人员，在旧金山总领馆工作的外交官可转移到其他使领馆工作。

---

① 就此问题笔者于2017年9月3日接受了新华社专特稿室记者王逸君、包雪琳的采访。

刚刚履职的俄罗斯驻美国大使阿纳托利·安东诺夫表示,俄美两国应冷静审视当前局势。"在面对压力的情况下,俄罗斯和美国才会开展有效合作。双方对话中不应出现一方把意愿强加给另一方的做法。"

从 2016 年底时任美国总统贝拉克·奥巴马下令驱逐 35 名俄驻美使领馆人员,到现任总统唐纳德·特朗普的"通俄门"传闻,再到特朗普签署对俄制裁新法案,俄方予以反制……美俄近期出现一系列消极互动,两国关系短期内难以回暖。

美国要求俄罗斯关闭驻美总领馆和外交设施对改善美俄关系来说是一次打击。两国外交机构不断减员,不仅使双边外交工作的推进难上加难,更在美俄未来关系发展方面设置重重困难,但这并不意味着两国会停止接触。美俄关系很难走出"重启—改善—对立—再重启"的怪圈,这与两国的结构性矛盾一直存在有关。

金砖组织有助于俄罗斯经济恢复

2017年9月5日

2017年9月3日至5日，金砖国家领导人第九次会晤在福建厦门举行，今年的主题是：深化金砖伙伴关系，开辟更加光明未来。金砖合作已经步入第二个"黄金十年"。对于刚刚度过了经济低迷和衰退期的俄罗斯来说，加强金砖国家之间的合作，必将对其经济的恢复和正增长带来益处。在西方持续加压和制裁之下，俄罗斯会更加积极地对待金砖国家之间的合作。

俄罗斯是金砖国家的积极推动者，虽然经济领域不是俄罗斯的强项，但是俄罗斯对金砖国家的重视程度非常高。可以说，正是因为俄罗斯多次外交推动，才形成了金砖国家现在良好发展的局面。而且，俄罗斯更多是从地缘政治的角度来看待金砖国家之间的合作，这和其他金砖国家有所不同，其他国家更看重的是经贸方面的发展。

俄罗斯在2013年通过了《俄罗斯联邦参加金砖国家构想》（以下简称《构想》）的文件，《构想》当中指出，俄罗斯联邦与每一个金砖国家都是很友好的，这是俄罗斯在多边框架下发展与金砖国家关系的基础。俄罗斯有一个立场，就是金砖国家的具体合作不应该破坏已有的双边关系。

为吸引人们在人烟稀少的远东地区定居，增加人口和振兴当地经济，俄罗斯总统普京于2016年4月签署一项法令：每位愿意搬到远东地区生活的公民，均可免费获得1公顷土地。俄罗斯的远东开发计划给金砖国家之间的合作带来机遇，也为俄罗斯带来更多的合作机会。

俄罗斯和金砖国家在能源、军事技术交流、投资等方面具有很大的合作潜力，特别是中俄两个金砖国家。中俄是全面的经济合作伙伴关系，中俄之间有5个副总理级别的委员会，分别是中俄政府首脑定期会晤机制委员会、中俄能源合作委员会、中俄投资合作委员会、中俄军事技术交流委员会、中俄人文合作委员会，这些委员会都是具体的办事机构，中俄之间的合作可以为其他金砖国家的合作带来很好的榜样作用。

金砖国家是国际事务当中的新贵，金砖五国都是在经济和政治领域具有一定影响力、经济快速发展的重要国家，金砖国家走到一起，是历史的必然，也是国际关系发展的客观要求。金砖国家团结协作，可以实现世界经济增长的多元化，也是世界经济秩序民主化的强大推动力。

金砖国家在改革和完善全球经济治理方面有相同的关切和主张，加强协调和协作是大势所趋。未来在国际事务当中，金砖国家将拥有越来越重要的发言权，不仅仅局限在经济领域。伴随着国力的快速增长，金砖国家在国际事务中的发言权必定增大，有潜力替代传统大国在各个国际组织中的发言权。当然，金砖国家还存在着明显的不足之处，主要是没有跨越中等收入国家陷阱，存在贫富差距拉大的问题，社会秩序需要更大改进。另外，金砖国家的法治程度不够高。

金砖国家一边是高速的经济发展，另一边是处于社会转型期，必将面临更多转型期的矛盾，需要认真解决。金砖国家在经济领域的发展，需要更好地协调立场，调整目标，形成金砖国家之间的合力。

2017年的厦门金砖国家峰会在作为主席国的中国的倡导下，不仅会在经济领域取得一系列成果，在政治领域也可能会取得一些成果。在经贸领域，金砖国家部长级会议达成了一份《金砖国家投资便利化合作纲要》，这是全球投资便利化领域达成的第一份专门文件，有益于金砖国家增强投资政策框架透明度，提高投资相关行政效率、服务水平。在金砖国家框架之内，相互投资可能也会取得成果。

俄罗斯为什么增兵北极

2017 年 11 月 10 日

近年来,北极地区因广阔的战略纵深吸引全球多个国家部署军力,并加快经济开发脚步。俄罗斯国防部长谢尔盖·绍伊古 11 月 7 日表示,俄罗斯定于今年在这一地区建成两处综合性军事设施,这有助于俄罗斯在这一战略方向上快速部署军力,并确保经济活动安全。虽然俄罗斯加强在北极部署主要出于经济和军事考量,但这一举动可能触动北极地区其他国家的敏感神经。

作为军事跳板

绍伊古表示,定于今年年底前建成的两处军事设施分别位于俄联邦专属经济区法兰士约瑟夫地群岛和新西伯利亚群岛。绍伊古指出,这一部署有助于俄罗斯管控北冰洋海域的北海航线,在这一战略区域快速部署军事力量,同时确保俄罗斯在北极地区的经济活动安全。

作为全球最北的海洋航线,北海航线是连接大西洋和太平洋的海上捷径,在军事、商贸等方面具有重要地位。

俄武装力量总参谋长瓦列里·瓦西列维奇·格拉西莫夫 7 日对近年来俄海军在北冰洋地区的军事活动予以肯定,称"俄军在每个战略方向上部署多军种部队,使俄罗斯能成功应对潜在武装冲突"。

俄罗斯近年来持续加强在北极地区的军事部署。2014 年 12 月,俄罗斯组建北极联合战略司令部。这个司令部建立在俄北海舰队的基础上,管辖俄罗斯在北极地区部署的所有部队,并使俄罗斯在北极地区拥有强大的战略战术打击力量。此外，俄还计划全部重新启用北极地区 13 个苏联时代设立的航空基地。

获取经济利益

北冰洋海底蕴藏着丰富的自然资源，北极地区的经济价值特别是丰富的油气资源日益为各国所关注。据推算，全球未探明石油蕴藏量有 13% 在北极，天然气则占 30%。

今年春季，俄罗斯总统弗拉基米尔·普京前往法兰士约瑟夫地群岛视察时表示，北极地区蕴含的矿藏资源价值超过 300 亿美元。普京认为，北极地区的战略意义不仅体现在能够加强俄罗斯的全球地位，同时也可为俄罗斯提供经济利益。

俄罗斯加强在北极的军事部署，更多是出于经济利益考量。俄罗斯经济依赖能源出口，北极地区的油气资源可以成为俄经济发展的重要依托，加强在这一地区的军事存在能使俄罗斯在资源开采方面获得更多的话语权。

触动敏感神经

随着全球气候变化，加拿大、美国等环北极国家近年来也纷纷强化其在北极地区的军事存在，以争夺当地的自然资源。不少环北极国家都称自己对北极部分区域拥有主权或经济专属权。

2015 年 3 月 9 日至 18 日，挪威在北极地区与俄接壤的芬马克郡举行代号为"联合维京"的军事演习。这是近 50 年来挪威在该地区举行的最大规模军事演习。

本月 6 日，芬兰、瑞典、丹麦、挪威和冰岛 5 个北欧国家的防长在芬兰首都赫尔辛基举行会晤，决定在空中侦察、情报共享等方面加强防务合作。

丹麦国防大臣克劳斯·约尔特·弗雷泽里克森将矛头指向俄罗斯，称俄罗斯加强军备建设并在加里宁格勒部署导弹，"这就是我们所看到的新蓝图"。

加里宁格勒是俄罗斯位于波罗的海东岸的飞地，处于波兰和立陶宛之间。目前，俄罗斯在加里宁格勒部署了具备核打击能力的"伊斯坎德尔"弹道导弹系统和S-400反导系统，以应对北大西洋公约组织在东欧地区部署反导系统。

俄罗斯为应对北约东扩压力，会加强在北极地区的部署，这一举动可能引发相关国家反制。但如果打开北极航道，将有利于中俄双方的"冰上丝绸之路"建设，对于中国海运将增加一条成本大幅降低的优质路线。

埃尔多安回访，土耳其"押宝"俄罗斯[①]

2017 年 11 月 16 日

俄罗斯总统弗拉基米尔·普京到访安卡拉一个半月后，土耳其总统雷杰普·塔伊普·埃尔多安 13 日回访莫斯科。普京与埃尔多安就叙利亚局势和军购、贸易等双边议题进行交流，会晤时间超过 4 小时。普京表示，可以认为两国关系几乎"完全恢复"。

俄土关系因 2014 年 11 月土耳其在土叙边境击落一架俄罗斯战机而一度陷入冰冻。但 2016 年 7 月土耳其发生未遂军事政变后，土耳其对美国和欧盟失去信心，与美国、欧洲的关系陷入低谷，但与俄罗斯关系迅速回暖。

2016 年 7 月 15 日，土耳其武装部队总参谋部部分军官企图发动军事政变。土耳其总统府 16 日发声明称"一小撮士兵"的政变图谋没有成功，认为此次政变的策划者是流亡美国的土耳其知名宗教人士费图拉·居伦。随后，土耳其政府针对未遂政变参与者和支持者进行了清洗行动，有超过 1.3 万人受政变牵连被拘留或逮捕。土耳其总统雷杰普·塔伊普·埃尔多安 29 日指责美军中央司令部司令约瑟夫·沃特尔"站在政变者一边"，原因是后者发表言论称，美国失去了在土耳其的重要军事对话者，他们或遭"清理"或被"监禁"，土耳其未遂政变的发生及其后续"清理"行动将影响美土的军事合作。

与欧盟方面，土耳其 1987 年申请加入欧盟，1999 年获得候选国资格，

[①] 就此问题笔者于 2017 年 11 月 15 日接受了新华社专特稿室记者王逸君的采访。

2005年启动入盟谈判。但由于不少欧盟成员国对土耳其充满疑虑，谈判经常谈谈停停，这让土耳其逐渐对西方失去信心，转而向东看，加强同俄罗斯的关系。

随着2017年9月中旬俄罗斯、土耳其和伊朗共同作担保，在叙利亚设立冲突降级区，土耳其与俄罗斯在叙利亚问题上加强立场协调，土耳其希望能借此对战后的叙利亚拥有更大影响力。另一方面，土耳其在叙利亚问题上给俄罗斯"助攻"，使俄罗斯在这一问题上获得更多话语权，更容易让美国主导的打击极端组织"伊斯兰国"国际联盟处于被动。这正是俄罗斯希望看到的。

不过，笔者认为，土耳其不愿做美国在中东棋局中的牺牲品，但土美两国仍存在利益交集，土耳其需要在俄美之间保持微妙平衡，从而保证自身利益最大化。

俄罗斯为何撤军叙利亚

2017 年 12 月 11 日

据俄新社报道，俄罗斯总统普京 11 日宣布俄将从叙利亚撤军。

俄罗斯派军队介入叙利亚战争，已经两年有余。2015 年 9 月 30 日，叙利亚总统巴沙尔·阿萨德请求莫斯科提供军事援助。俄罗斯总统弗拉基米尔·普京向俄罗斯联邦委员会提交一份同意在海外动用俄罗斯武装力量的决议。俄罗斯联邦委员会一致对总统提议表示支持。俄罗斯空天军、海军和特种部队都在叙利亚参与战斗。

俄空袭激活叙政府军各战线攻势。

俄罗斯海军驻地中海舰队为赫梅明姆基地保障防空，用巡航导弹对"伊斯兰国"恐怖分子的阵地进行高精度打击，并保障物资供应。

2016 年夏，叙利亚军队在俄空天军支援下，彻底包围阿勒颇并将其围困。2016 年秋，也是在俄军机和导弹的支援下，叙军开始对阿勒颇东面发起最后攻势，夺回对该市的控制权。12 月 22 日，叙军指挥部称，阿勒颇市已完全从恐怖分子手中解放，现已完全为政府军掌握。

之后，恐怖分子再次占领巴尔米拉。2017 年 3 月 3 日，叙利亚政府军和民兵在俄罗斯空天军支援下二次解放巴尔米拉。

2017 年 9 月 5 日，叙利亚政府军在俄空天军支援下，成功突破"伊斯兰国"防线，解放代尔祖尔。

据俄罗斯国防部统计，叙军在俄空天军支援下在代尔祖尔战胜"伊斯兰国"所取得的胜利，从规模上来说超过近三年来所有胜利。两年多来，俄叙联军共击毁恐怖分子设施 9.6 万余处；将超过 89% 的叙利亚领土从"伊斯兰国"恐怖组织的武装分子手中解放出来。

笔者认为：普京宣布在圣诞节之前撤军，主要考量有三。

第一，俄罗斯军队自2015年逆势介入叙利亚以来，已经达到了预期目的。主要表现在以下几个方面：恐怖组织"伊斯兰国"已经被打垮，90%以上的叙利亚国土得到解放；西方极力反对的巴沙尔政权成功重新站稳脚跟，巴沙尔可以说是咸鱼翻生，有报道称，在俄罗斯介入之前，危难之中的巴沙尔总统甚至已经做好逃亡欧洲的准备；现在看来，叙利亚作为俄罗斯在中东的盟友，将协助俄罗斯确保其在中东地区的军事利益，如继续向俄提供军事基地等；成功地宣传了俄制武器，整个军事行动期间，俄制武器粉墨登场，甚至是"杀鸡也用宰牛刀"，俄罗斯充分利用了这一宣传机会，使得沙特、土耳其等众多国家纷纷"慷慨解囊"，俄在世界武器市场的地位得到加强。

第二，虽然"伊斯兰国"已被打败，但随后与恐怖分子的"游击战"还将长期存在。相较于大型作战，游击战对兵力的需求大为减少，大量俄军存在已经没有必要，俄军中高级指挥官已经没有"用武之地"，还有可能成为游击战的袭击目标。目前已经有多位包括俄军中将在内的高级指挥官死亡，俄军对深陷阿富汗战争泥潭的教训记忆犹新。另外，经济状况不佳的俄罗斯也没有必要继续"耗费国力"。

第三，普京已经宣布参加2018年总统大选，西方势力不会袖手旁观，制造麻烦是大概率事件。较早撤军有利于俄罗斯从国际、国内两个方面展现"善意"，以应对西方国家及俄国内反对派，进而度过这个"多事之秋"。

第 3 篇

俄罗斯问题研究

　　2000 年，笔者开始在莫斯科大学求学，这也正好是普京进入公众视野的开始。19 年来，笔者坚持对俄罗斯政治文化生态跟踪研究，不敢懈怠，撰写了大量文章，如俄罗斯"梅普体制"的形成与发展、俄罗斯的国家战略体系和能力评析，并对 2018 年俄罗斯总统大选后的走向进行了大胆预判。

俄罗斯"梅普体制"的形成与发展走向[①]

摘要：双核心体制在俄罗斯（苏联）历史上是罕见的，没有成功的先例。"梅普体制"是普京政治战略的体现，梅普高度互信，一年来运行良好，但它属性上具有反体制性质，有易变动、发生风险的特点。它的走向直接影响到俄政局的变化和俄重新崛起强国路线的实施。国际金融危机对俄造成较大的冲击，这将对普京稳固的政治基础带来挑战，将增加该体制的变化性质。"梅普体制"作为俄政治学中的全新现象，未来在俄权力运行中将发挥什么样的作用，是否能突破俄传统文化的价值取向，还需要实践检验和周期的考验。

关键词：俄罗斯"梅普体制"；形成；发展走向

2008年11月5日俄罗斯当选总统梅德韦杰夫首次发表国情咨文，提出了延长总统和杜马任期的建议，将总统任期延长至6年，杜马议员的任期延长至5年。这是俄15年来首次提出修宪。在此之后又补充说，该提案不适用现任总统，也就是说梅德韦杰夫的总统任期还是到2012年。该提案经过杜马（下院）三议获得通过，在俄联邦委员会（上院）全票通过，2008年12月31日签署颁布。通过俄格冲突、普京兼任统一俄罗斯党（简称统俄党）的主席、普京声称在2012年以前决定是否重新参加总统选举等事件使"梅普体制"的运行轨迹逐渐展现出来，俄政坛历来充满神秘和变幻莫测，通过分析我们可以大胆地得出结论，即梅（梅德

[①] 本文2009年发表于中共中央党校研究生院主办的学报类刊物《学术与发展》，有改动。本文系中国博士后科学基金会一等资助项目的阶段性成果（批准号：20090450036）。

韦杰夫）、普（普京）早在梅当选前就有长远的政治计划，其核心就是完成普京的强国路线，梅普轮流掌握俄最高权力是梅普权力双核心体制良好运行的目标和共同利益保障，理论上梅普轮换掌握俄罗斯最高权力一直可以延续到 2036 年或 2042 年。

俄罗斯（苏联）历史上存在崇尚"强势领袖"的传统，具有双核心的最高权力形式是罕见的，历史上没有成功的先例，"梅普体制"之前，有伊凡和彼得"双沙皇"时期①，叶利钦时代的"府院相争"时期②，以及在斯大林去世后，马林科夫和贝利亚时期短暂存在过③。

一、"梅普体制"的形成

（一）普京两个总统任期所取得的政绩及所面临的政治局面

普京从叶利钦手中接到的是一个千疮百孔的俄罗斯，政局动荡、经济大幅滑坡、社会问题突出、战略和外交空间在西方的打压下迅速萎缩。普京受命于危难之际，在两个总统任期内，通过加强中央集权、打击地方分裂主义、迅速恢复和发展经济、打击寡头干政、强力反恐、实施务实主义外交路线等整肃措施，使俄国力迅速恢复，经济持续快速增长，国际地位大幅提高，居民收入大幅提高，截至 2008 年，经济总量按照国际汇率计算已经达到 1.76 万亿美元，成为世界八大经济体之一，特别是人均 GDP 按购买力平价折算已经从 2000 年的 3000 美元达到 2008 年的 1.25

---

① 费多尔三世去世后，在 1682—1689 年期间，他的两个皇兄弟伊凡和彼得在宫廷两大皇族争位未果的情况下，同时成为沙皇，实权掌握在索菲娅公主手中。

② 叶利钦当选俄首任总统初期，出现了俄要建立总统制还是议会制的激烈争论，迅速形成了以议长哈斯布拉托夫为首并得到副总统鲁茨科伊支持的议会和以叶利钦为首的政府体系两个权力中心，激烈对抗时间长达 2 年，最后叶利钦动用军队炮轰克里姆林宫，逮捕议会领导人，取得最后胜利，俄总统制确立。

③ 1953 年 3 月 14 日，马林科夫在斯大林去世九天后即被赫鲁晓夫以苏共总书记和部长会议主席不能由一人同时担任为由迫使马林科夫辞去苏共总书记职务，任部长会议主席。在 1953 年 6 月下旬一次中央主席团会议上，依靠元帅们的支持，当场逮捕了贝利亚，贝利亚通过与马林科夫的结盟来控制苏联政局短暂的双核心局面结束。

万美元，八年增加4倍多。① 俄罗斯经历了动荡到企稳发展的历程，从衰落到逐步崛起的艰辛探索，同时也是从巩固制度到确立主流政治价值观的政治发展历程。取得显著成绩的同时，普京还拥有令政治家们羡慕的持续的高支持率，2008年4月底的统计更是达到了84%，一个即将离任的总统，拥有如此高的民众支持率，从一个方面也反映出了俄民众对普京所取得成绩的深度认可。由于俄宪法规定总统只能连任一次，普京可以通过修改宪法而谋求第三个任期，也可以选择担任俄白联盟的总统做实际的最高政治权威等多种方案可以选择，众多的机构和个人包括普京的幕僚都支持修改宪法而谋求第三任期，普京表示尊重宪法不谋求第三任期，由于年富力强，仍然表示可以继续为俄的发展而工作。

普京虽然公开表示不谋求再次连任总统，却在离任之际高调推出了《俄罗斯2020年前的发展战略》，通过全力支持统俄党使该党在杜马选举中大获全胜②，并同意担任该党主席，这为普京以后在俄政坛中继续发挥重要作用奠定了重要的政治基础。

（二）梅德韦杰夫从众多普京继任候选人中胜出

普京政绩斐然，又不谋求继续连任，接班人选择成为焦点问题，在人数众多的接班人选中，呼声高的有6位，分别是新任总理祖布科夫、第一副总理伊万诺夫、第一副总理梅德韦杰夫、杜马主席格雷兹洛夫、副总理纳雷什金、铁路公司总裁亚库宁。

祖布科夫在总统大选前被普京任命为政府总理，被各界一致看好为普京的接班人，他也高调声称不排除参加总统大选，由于祖布科夫之前仅是俄金融监管局的负责人，影响力有限，再者年龄已经66岁，这使人

---

① Э.С. Набиуллина, Тезисы выступления Министра экономического развития и торговли Российской Федерации на 15-м заседании Амеикано-Российского делового совета, http://www.economy.gov.ru, 24 октября 2008 г.

② 俄罗斯中央选举委员会公布的第五次议会选举结果是，在参选的11个政党中，统俄党、俄共、自民党、公正党，进入新一届议会，得票率分别是：64.3%、11.15%、8.14%、7.74%。国家杜马450个席位中4党分别占有的数字是：315、57、40、38。其中统俄党占席位总数的70%。

们猜想到，普京提名的原因是让他来做一届看守总统，他是普京4年后卷土重来的理想人选。坚决执行普京路线的第一副总理伊万诺夫同普京是同乡和校友又同为克格勃出身，私交甚好，是普京掌控强力部门的重要幕僚，以至在接班人提出前长期被各界看好为"第一候选人"。杜马主席格雷兹洛夫和副总理纳雷什金是普京路线的制定者和坚定支持者，也被看作是重要人选。铁路公司总裁亚库宁20世纪90年代初就追随普京，是普京核心圈子的成员之一，担任俄第二大国有企业的总裁，同时又具备来自圣彼得堡和克格勃出身，亚库宁也雄心勃勃地声称要竞选，也被认为是热门人选。

梅德韦杰夫和普京是同乡、同事、同窗，相识18年并长期一起共事，梅德韦杰夫是普京一手提携起来的，在任俄罗斯政府办公室副主任以前，是圣彼得堡大学教授私法和民法的副教授，没有担任过正式的行政职务。1991年6月和普京一起来到圣彼得堡市政府外事委员会，担任法律顾问，普京为该组织主席。普京就任总理和两任总统时期，梅德韦杰夫分别任俄政府办公厅副主任、普京竞选组织负责人、总统办公厅主任、第一副总理等职务。梅德韦杰夫年轻、处事谨慎，又没有明显的派系特征，性格平和容易驾驭。可以看出，梅德韦杰夫是普京团队中最能体会普京路线，也是普京政策的重要起草人之一，可以最大限度地保障普京路线的继续贯彻执行。另外，普京不谋求第二次连任的情况下，不想有过渡期而浪费有利的发展机遇。梅德韦杰夫早在当选前就明确表示，一旦当选总统，他将"直接延续"普京的政策。他说："关于我想追求的路线，我已经反复说过，跟我们国家8年前选择的路线一样。"[1] 同时任第一副总理的梅德韦杰夫政绩突出、高效的工作能力和廉洁的作风可以服众，所以能够在众多的普京接班人选的激烈竞争中最后胜出。

---

[1] 关健斌：《再见普京》，载《中国青年报》，2012年05月07日04版。

（三）梅德韦杰夫赢得一场平稳的总统选举

普京在第五届议会选举中把自己的杜马议员资格转给了其他党员，这就排除了以杜马议员的身份重新竞选总统的最后提议[①]，在赢得议会选举后，普京把主要精力放在了梅德韦杰夫的总统竞选上，在总统大选最关键的时期，他甚至公开把支持梅德韦杰夫和维护国家稳定联系起来。

在总统候选人中，有竞争力的还有多次参加总统选举的俄共主席根纳季·久加诺夫、俄自民党第四次提名的日里诺夫斯基、以自荐形式参加竞选的俄罗斯前总理卡西亚诺夫及俄民主党主席波格丹诺夫。由于梅德韦杰夫是统一俄罗斯党等四个党派联合推出的总统候选人，在普京的支持下及该四党在刚刚结束的第五次议会选举中获得了75%的选民的选票，使得该次选举没有悬念。俄共的竞选纲领集中在经济领域，主要主张资源国有化、完善法律、大力促进人口增长、对高收入者征税等。由于缺乏新意，口号多但具体推出的措施不够，没有能够准确地把握民情，支持党派少，多年来，在普京的打压下，俄共失去了在议会第一大党的地位，影响力大幅度减弱，使得久加诺夫的竞选不容乐观。日里诺夫斯基是赞成将俄罗斯改革成单一制国家的，在最后的冲刺阶段，甚至许诺给每个俄罗斯公民发放10万卢布，将养老金增加到每月8000卢布等承诺来争取选票。

2008年3月7日，俄罗斯中央选举委员会确认梅德韦杰夫在3月2号选举中获得了70.28%的选票，宣布梅德韦杰夫当选俄总统。总统候选人久加诺夫、日里诺夫斯基和波格丹诺夫的得票率分别为17.72%、9.35%、1.30%。在普京和统一俄罗斯党的全力支持下，梅德韦杰夫轻松赢得总统

[①] 俄罗斯著名政治分析家，曾任政府副总理的阿列克谢·邵欣在接受《独立报》采访时直接建议普京在议会选举后辞去总统职务，以杜马议员的身份参加2008年的总统选举。俄法律规定，现任总统宣布辞职后不得参加为此而提前举行的总统选举，但不禁止以其他身份参加总统选举。

大选。俄近期的一份民意调查结果显示，普京的民众支持率在2008年4月底时达到84.7%，为其担任俄总统8年来的最高点。一位即将离任的总统，仍拥有如此让人羡慕的支持率，这颇耐人寻味。俄一位知名社会学家对此评价道："这是普京总统任期内最后一次民调支持率，这一结果反映了俄民众对国家第二位总统的感谢之情。"与此同时，梅德韦杰夫的支持率为71%。民调机构的报告称，梅德韦杰夫获得高支持率的原因是，很大一部分俄罗斯人认为梅德韦杰夫是普京的继承者，将继续执行和普京一样的方针政策。

2008年5月7日，梅德韦杰夫宣誓就职，当天提名普京为新一届政府总理，次日国家杜马高票通过，"梅普体制"正式形成。

二、"梅普体制"的运行

（一）梅德韦杰夫想做真正意义上的总统

梅德韦杰夫曾公开说过，总统是俄罗斯宪法的保障，并拥有宪法所赋予的全权，而政府从事自己的一揽子事务。

俄媒体2008年3月的一项民意调查显示，32%的俄民众认为，普京作为总统执政期间的不足，是未能有效打击腐败。俄官方数据显示，2007年俄在反腐领域提起刑事诉讼的案件达到1.05万件，因腐败造成的损失达到10.1亿卢布。国际反贪组织"透明国际"的资料显示，俄的廉洁程度在世界180个国家中位居第147位。

梅德韦杰夫上任后即宣布，将打击腐败作为首要任务，并亲自抓起反腐工作，并签署总统令，专门成立了一个由自己亲自挂帅的国家反腐败委员会。此外下令有关部门在一个月之内制定出《俄罗斯联邦国家反腐败计划》，2008年12月25日批准并签署了新的《反腐败法》。该反腐法案在杜马一读的时候就遭到否决，后经过反复修改才获得通过，由此看出俄官僚既得利益集团为维护自身的利益为反腐设置重重障碍，梅德韦杰夫的反腐阻力巨大。梅德韦杰夫打击腐败的态度是坚决的,甚至公开表示,俄各级官员如果不公开自己的收入状况将是被解除职务的原因之一。

梅德韦杰夫对北约在东欧部署反导系统态度强硬;宣布恢复俄在拉美的军事行动;下令出兵惩罚了贸然违背协议的格鲁吉亚;宣布承认南奥塞梯和阿布哈兹的独立,并强调这个是不可更改的决定,2009年4月30日俄与南、阿签署国界互相保护协定;2009年3月28日视察"库宾卡"空军基地并与其前任普京一样亲自驾驶先进战机,都显示了做一个独立总统的决心。

梅德韦杰夫是否可以做一个真正意义上的总统,除了有正确的施政纲领以外,关键要看他对强力部门的掌控,最终还要看是否能建立和发展属于自己的政治基础。2009年2月16日,梅德韦杰夫免去奥廖尔州、普斯科夫州、沃罗涅日州和涅涅茨自治区四位联邦主体行政长官的职务,根据梅德韦杰夫的提名,已经推选出了新人接任。梅德韦杰夫在2008年的国情咨文中宣布,俄需要建立管理人才储备,它包括三级,分别是市级、地区级和联邦级,而其中最成功的领导者应当列入"总统千名人才"名单。这个名单中没有克格勃等强力部门中普京过去重用的人员出现,也说明梅德韦杰夫对于建立、扩大自己的政治基础正在加紧进行,另外梅德韦杰夫已组建了"黄金100人"名单,名单中的人选将占据俄政府重要职位。此外,总统办公厅主任和国防部长以及联邦安全局局长去留和属于自己团队的形成和发展,将是决定梅德韦杰夫是否可以尽早做一个真正意义上的总统的关键。

(二)俄格冲突检验"梅普体制"

2008年8月8日,格鲁吉亚借北京奥运会召开之际,错误地估计形势,公然违背国际协定,动用武力解决南奥塞梯和阿布哈兹两个共和国闹独立问题。这正好给俄罗斯带来机会,随后及时出兵教训了格鲁吉亚，并造成了这两个地区实际意义上的独立，梅德韦杰夫随后发表声明，宣布俄承认两个地区的独立，并声称这是不可更改的决定。俄国内各界一致坚决支持这一决定。那么，到底是谁下令出兵的呢？刚上任3个月的梅德韦杰夫如何在普京不在国内的情况下，及时地做出果断的决定？普京在回答西方记者的问题时这样说："梅德韦杰夫是一个有修养、有现代眼光、有自由思想的领导人，是个好小伙子。我非常遗憾，他不得不处理危机，不得不做出动用军队，随后承认两个共和国独立的决定。我可以负责地告诉你们，这是他做的决定，当时我在北京，他在伏尔加河地区度假。没有最高统帅的命令，一个士兵、一辆坦克也不得出动。我们俩是互相信任的关系，我从不硬塞给他任何建议。他是个有主见的人，任何人都无法把决定强加于他。当然，我们相互商量，但决策权在他。"[①]

据2010年7月23—26日的列瓦达有关"谁将是俄罗斯未来总统"的民意测验，27%的被征询者将支持普京当选下届总统，而20%将支持梅德韦杰夫。这一统计与一年多以来的调查结果保持基本一致。换言之，不管梅德韦杰夫本人如何考虑，在民意的理解中，一方面，人们越来越认为，尽管梅德韦杰夫是在普京全力支持下当选总统的，但梅德韦杰夫作为总统，行事还是相当独立的；另一方面，梅普两人的政治配合还是非常有可能成为一次有声有色的历史表现，从而不同于俄罗斯千年历史上大体上仅有一人集权的政治传统。梅德韦杰夫上台后，普京的确没有给予太多的限制，普京的思想很明确，就是要梅德韦杰夫真正地拥有宪法赋予的权力，普京发挥他的政治影响是毋庸置疑的，但在具体运作中，决策权在梅德韦杰夫手中。在"梅普体制"运行的初期，梅德韦杰夫轻装上阵，提高新一届总统的权威，是有充分的发挥余地的。

[①]《与"梅普组合"面对面》，载《国际先驱导报》，2008年9月23日。

（三）延长总统和杜马议员的任期议案显现梅普双核心体制的运行轨迹

俄罗斯国家杜马通过三议最后批准通过了《修改总统和杜马任期》的宪法修正案，俄联邦委员会全票通过该修正案，2008年12月31日梅德韦杰夫签发生效。普京在任期内，修改总统任期的呼声很高，普京慑于宪法的威严，以及考虑到修宪所带来的重大负面影响，最后决定不修改。梅德韦杰夫上台伊始就提出修宪的议案，我们可以看出，这个议案的提出应早在计划中，只是由梅德韦杰夫来提出，提出者改变了，试想如果4年后普京卷土重来，完全可以扫除修宪所带来的负面效应。

普京在各界对"梅普体制"疑惑重重情况下，声称2012前决定是否再次参加总统选举，这就给已经上台的梅德韦杰夫有了一个充足的发挥的时间，这也说明前期"梅普机制"的运行情况良好，梅普双方可以做到相互配合，初步找到了共同发挥的轨道。

三、梅普体制的发展走向

一方面，梅德韦杰夫是俄罗斯合法选举产生的总统，拥有宪法赋予的一切权力；另一方面，产生了一个以普京为首的另一个权力中心，他是这个政治体制的创建者，拥有很高的支持率和政治威信，此外还是议会多数党的党魁。普京的实际地位要高于梅德韦杰夫。考虑到宪法赋予的总统职权，实际梅普是平行的双核心政治。两个权力中心必须就重大问题沟通协调。梅普虽有高度的政治互信，但也不能掩盖双方政治理念的分歧和不同，如果这二者之间的沟通机制遭到破坏，那么将发生严重的政治对抗，甚至可能导致分裂，造成俄政局动荡。

由于梅德韦杰夫是普京集团推出的总统，长期从事的是助手性的工作，还没有形成属于自己的团队，这样在当选前期仍然属于代表普京集团的一种"延续"，俄罗斯的政治是很个人化的，有什么样的政治人物就有什么样的政治局势。现在出现两个权力中心，每个中心都有自己的权力杠杆。随着时间的推移，情况很可能发生变化。梅德韦杰夫不会在做出每个决定前都请示普京，普京也不需要一个弱势总统。初期民调数据显示，普京和梅德韦杰夫的支持率是六比四。如果梅德韦杰夫成功执政，那么情况将肯定发生变化。我们可以通过俄罗斯权威中立分析机构列瓦达分析中心的数据看出，梅德韦杰夫改变普京政策的可能性随着时间的推移，也越来越大（见表1）。笔者经过分析认为，"梅普体制"的发展方向有如下7种。

表1 梅德韦杰夫改变普京政策的概率

	2007年12月	2008年2月	2008年3月	2008年4月
将准确执行普京政策	40%	28%	26%	24%
将基本执行普京政策	41%	48%	51%	55%
将逐渐改变普京政治方针	8%	11%	10%	11%
采取完全不同的政策	2%	2%	3%	2%
难以回答	9%	11%	10%	8%

数据来源：根据俄罗斯列瓦达分析中心民意调查的公布资料整理。

（一）政治重心向梅德韦杰夫倾斜，普京利用议会多数弹劾梅德韦杰夫

俄罗斯合法选举产生的总统，拥有宪法赋予的一切权力，这些权力是无法被剥夺的。以普京为首的另一个权力中心，他也是这个体制的创建者，拥有很高的支持率和政治威信，二者必须就重大问题沟通协调，只有在两个中心之间非正式关系的良好运作才能保障俄罗斯最高权力的正常运转。

俄罗斯"全景"信息研究中心主任弗拉基米尔·普里贝洛夫斯基认

为,梅德韦杰夫提前辞职是有可能的,但是这样做的必要性不会如此迅速到来,"如果没有事先就缩短总统任期达成协议"的话。这位专家确信,一切将在未来一年中明了起来。①梅德韦杰夫成为独立总统的时候,俄政坛将真正出现另外一个强有力的权力中心,梅德韦杰夫利用宪法赋予的权力,在部分统一俄罗斯党杜马议员及部分其他党派的支持下,成功掌握了强力部门,并且在施政纲领上与普京产生分歧,"梅普体制"的平衡被打破,无法继续平稳运转,俄陷入政治动荡,由于普京控制着议会多数,最终将通过弹劾总统的议案。

(二)政治重心转向梅德韦杰夫,普京离开俄罗斯政坛

梅德韦杰夫通过对强力部门的有效控制,以及得到议会的多数支持和通过正确施政纲领得到更高的民众支持,由于金融危机造成普京威信大降,这给梅德韦杰夫挑战普京带来很好的机遇,普京控制的统一俄罗斯党和其他党派分裂出支持两个不同权力中心的情况,最终梅德韦杰夫胜出,普京的总理职位被撤换,离开权力中心。

(三)梅德韦杰夫成为真正意义上的总统,普京甘愿从事总理工作

梅德韦杰夫接受英国记者的采访被问到"在两届总统任期内是否一直会同普京总理一起共事"时,梅德韦杰夫回答说:"我认为,为了解决俄罗斯面临的诸多最复杂问题,我们确实形成了不错的联盟。我们将一直合作以达到俄罗斯所需要完成的目标,当然是在法律框架内。"②当梅德韦杰夫成为真正意义上的总统后,普京乐于支持梅德韦杰夫的工作,主要负责政府范围内的具体事务,梅德韦杰夫形成自己在俄政坛独立的权力中心,双核心时代结束。

(四)梅德韦杰夫成为真正意义的总统,普京离开政坛

由于梅德韦杰夫施政纲领正确,通过对强力部门的掌控,形成了自

---

① 《俄政治家称梅德韦杰夫总统生涯可能只有两年》,载《青年参考》,2008 年 4 月 15 日。
② 《梅德韦杰夫希望普京一直任总理共同完成国家任务》,中国新闻网 2008-06-25。

己的政治团队，普京也乐于看到梅德韦杰夫成为真正的总统，由于梅德韦杰夫坚决执行普京的路线，普京如仍然处在总理的位置上，会对梅德韦杰夫造成影响，这时候，普京会辞职而离开俄政坛。

（五）普京仍处于政治中心，梅德韦杰夫甘愿做"虚位总统"

普京离开了总统宝座，却没有离开俄罗斯的"权力核心"，除了出任俄政府总理之外，还是统俄党主席，实际上获得了"额外的权力杠杆"，成为一位"无法被罢免的总理"，统俄党已经成为足够强大和独立的权力中心，这个党的成员包括大多数州长和大量的市长，还有国家杜马70%的议员，这进一步巩固了普京在卸任总统后的政治权威，普京完全可以借助统俄党实现对议会的控制，甚至可以修改宪法、弹劾总统。如果政府和统俄党不能协调一致，那么势必和总统产生矛盾。俄当前是世界上唯一的一个政权非党化国家，兼任党主席除了可以巩固政治权威外，更重要的是如何监督当前的政治体制。

普京2009年4月底签署的一项法令，要求俄联邦各地区州长的年度述职报告将直接提交政府，而非先前的克里姆林宫。俄政治分析家康斯坦丁·西蒙诺夫指出："普京任总理，国家权力将不可避免地转移到总理手中。"[①] 这又可以分为两种情况。

1."强"总理"弱"总统

普京维持非常高的民众支持率，通过对国家政权和政党的有效控制，一直维持其最高政治权威。处于弱势的梅德韦杰夫，由于没有自己的政治基础，只能处于从属地位，大的战略决策都须由普京来决定，然后以总统的名义发布。俄罗斯政治家图洛夫斯基表示，普京力求将"统一俄罗斯党"变成他自己的政治资源，保持其主要政治地位。这一点在梅德韦杰夫正式出任总统后将变得更加关键。

---

① Василий Сергеев：《ЭраПутинавошлавовторуюфазу》，http://www.gazeta.ru/poli-tics/elections2007/articles/2210520.shtml.

2. 改革成议会制度国家

将总统制改为议会制共和国，把最高权力转移到总理，通过修改宪法完成权力从总统到总理的转移，这是当前普京完全有能力完成的。但是，普京要冒着修改宪法所带来的重大负面效应。普京正在着手解决他自身在俄政坛的地位，也就是树立无可争议的政治领袖地位，虽然名为二号人物，实际上是一号人物，普京用公开的行政资源和党派工具完成自身地位的合法化。俄自民党主席日里诺夫斯基对此评论说，可以有两种选择：一种是议会任期由4年延长到5年、总统任期由4年延长到7年；一种是总统选举提前至2009年进行。他说："如果统俄党人不想触动宪法，就很可能采纳提前进行总统选举的方案。"而这样做的实质，就是当选总统梅德韦杰夫提前卸任。

（六）普京回避社会矛盾集中的政府工作，辞去总理职务，以其他形式继续发挥对俄罗斯政局的影响

2008年全球的金融危机对俄的影响超出预期，并凸显出这一点，俄经济赖以高速增长的能源收入，随着国际原油价格的遽降[1]，将全面影响经济的快速增长，已经造成大量的失业，一些既定的发展计划将被搁浅，2008年俄政府8年来首次出现财政赤字，预计2009年俄的经济增长为-6%[2]，梅德韦杰夫在2009年5月25日对政府发表的国情咨文中说，2009年俄的预算赤字将达到国民收入的7%。作为负责经济和社会事务的政府总理首当其冲，俄政府历来要承担执政失误的责任，甚至国际原

---

[1] 国际原油价格从2008年初的99美元开始一路攀升，7月增到最高位的147美元，其后即迅速回落，12月更跌穿40美元水平。近期在石油输出国组织宣布减产以及中东局势动荡加剧后，油价虽曾略有反弹，但12月31日晚7点半时报37.05美元，较7月的高位低近110美元，跌幅达75%。

[2] 俄罗斯经济发展部副部长安德烈·克列帕奇2009年6月23日在新闻发布会上说，2009年全年俄罗斯经济衰退幅度会超过6%，如果低于这个水平对俄罗斯而言则将是"英雄壮举"（2009年头5个月俄国内生产总值下滑幅度为10.2%）。

油价格波动也被看成政府的责任，政府总理的变换一直很频繁[①]，另外，民众支持率是变化的，总理负责处理经济和社会事务，容易招致民众的不满，这样会降低普京的民众支持率，影响统俄党在议会中的地位。俄共主席久加诺夫公开批评普京不是擅长经济和管理的称职总理。俄自民党主席曾声称，普京应该辞去总理职务，从而回避繁杂、出力不讨好的政府工作。近期在莫斯科和海参崴等多个城市出现较大规模要求普京下台的游行示威，普京的支持率下降到71%，为担任总理后的最低点。这些新情况的出现使普京离开政府，以其他形式如可以担任俄白联盟的总统或者担任俄安全会议主席或单独领导统俄党等形式继续发挥影响的可能性增大。

（七）"梅普体制"长期运作平稳，理论上俄罗斯最高权力可在梅普间持续到2036年或2042年

普京不谋求通过修改宪法来实现自己的第三个总统任期，这既考虑了修宪会让其执政地位的合法性遭到各界的怀疑，还担心会造成贪恋总统权力的负面形象，负面后果显而易见，反之普京会赢得政治上的主动地位，使普京的政治权威得到进一步的加强，这种以退为进的政治战略会使普京能够制定和完成更长远更宏大的实际谋求后两个总统任期的政治计划。

2010年8月3日，梅德韦杰夫在索契接见记者的时候，第一次明确表示，在2012年俄罗斯总统大选时将不愿意和普京展开政治竞争，原因是如果这样做将无益于俄罗斯的未来。同时梅德韦杰夫还提到了不排除谋求连任的可能，甚至提到了除了梅普之外的其他总统候选人的存在，显然这些与他之前仅仅提出他将竞选连任总统一职的说法存在显著的区别。从"梅普体制"形成以来梅德韦杰夫和普京所提到有关2012年总统

[①] 俄原总统叶利钦在1998年3月23日至1999年8月9日不到18个月的时间里先后撤换了切尔诺梅尔金、基里延科、普力马科夫、斯捷帕申四位政府总理。

竞选的意见来看，这一次梅德韦杰夫的表态明显地将梅普两人的配合和运转提到了事关俄罗斯未来发展的高度，这是前所未有的，毋庸置疑这是一项有关"梅普体制"未来走势和方向的重要诠释。梅德韦杰夫的任期到 2012 年以后，普京重新竞选总统（新任期为 6 年），这时普京也只有 60 岁[①]，对一个大国领导人来讲正是黄金时期，如果成功并连任一次可以到 2024 年，这时梅德韦杰夫也仅有 59 岁，之后再竞选总统，如果成功并连任，这将是真正意义上的总统，如果不出现重大的政治事件，理论上讲最高权力在梅普间一直可以延续到 2036 年或 2042 年。[②] 梅普轮换掌握俄最高权力是维系"梅普机制"良好运转的重要利益之一。由于梅普高度政治互信，以及一年来的运转相对平稳，基本经受住了金融危机初期对"梅普体制"的严峻考验，有理由可以推测出，早在梅德韦杰夫当选总统前就有长期轮换担任总统的政治计划和协议。如表 2 所示，据全俄社会舆论研究中心（VCIOM）2009 年 6 月 23 日公布的民调调查，三分之二的俄罗斯人（69%）认为，本国最有影响力的政治家是弗拉基米尔·普京，而 21% 的人认为，本国最有影响力的政治家是德米特里·梅德韦杰夫。在"'梅普组合'将长时间持续下去"的选项上，大多数人（63%）相信，"梅普组合"将长时间持续下去。

表 2　全俄社会舆论研究中心（VCIOM）2009 年 6 月 23 日公布的民调调查结果

问题	百分比	问题	百分比
俄罗斯最有影响力的政治家是	普京：69%；梅德韦杰夫：21%	"梅普组合"工作效率不高	23%

[①] 普京 1952 年 10 月 7 日出生于列宁格勒（今圣彼得堡），梅德韦杰夫 1965 年 9 月 14 日出生于列宁格勒（今圣彼得堡）。

[②] 如果普京在梅德韦杰夫第 2 个任期后重新竞选总统并连任一次，之后梅再连任 2 届总统，理论上梅普轮换掌握俄最高权力将延续到 2042 年。

续表

问题	百分比	问题	百分比
梅普组合将长时间持续下去	63%	"梅普组合"的成功秘诀主要在于协调的工作以及团队精神	17%
俄罗斯的实际政权主要掌握在总统和总理手中,且他们力量均衡	21%	"梅普组合"的成功秘诀是他们二人对国家发展方针看法一致	9%
寡头和商人才是俄罗斯主要统治力量	17%	"梅普组合"的成功秘诀是尤其关注社会政策,且采取了有效的反危机措施使危机令人感受不到	8%
俄罗斯的实际政权主要掌握在政府手中	6%	"梅普组合"共同工作之所以效率高,是因为他们能够理想地相互补充	4%
俄罗斯的实际政权主要掌握在政治家、杜马议员和官员手中	5%	梅德韦杰夫、普京两个人一起更容易领导国家	3%
俄罗斯的实际政权主要掌握在"统一俄罗斯"党手中	4%	梅德韦杰夫和普京共同治国比普京一人治国的效率低	9%
俄罗斯的实际政权主要掌握在人民手中	2%	梅德韦杰夫和普京是作为平等伙伴而共事	48%
俄罗斯的实际政权主要掌握在银行家和贪官污吏手中	1%	梅德韦杰夫是在普京领导之下工作的	35%
不知道到底谁才是俄罗斯真正的统治者	25%	梅德韦杰夫在"梅普组合"中占主要地位,普京是在梅德韦杰夫的领导下开展工作的	5%
梅德韦杰夫和普京治国有方	64%(支持这个观点的统一俄罗斯党党员占81%,公正俄罗斯党党员占73%)	"梅普组合"的相互关系主要是竞争关系,他们在为争夺领导权而斗争	3%

(资料来源:http://wciom.ru/novosti/press-vypuski/press-vypusk/single/12028.html)

资料说明：本次民调由全俄社会舆论研究中心（VCIOM）倡议进行，调查对象是全国42个州和边疆区140个居民点中的1600人，调查统计误差不超过3.4%。被调查者可以任意选择给出一个或者多个答案。

"梅普体制"的存在之所以引起人们的高度关注，不仅是由于这是两个富有各自特色和个性的政治家的联手，更加值得人们深思的是，俄罗斯始终存在着在文化上较为倾向于欧洲，而地理上大部分是在亚洲的这一双重倾向，这决定了俄罗斯对内和对外政治认同始终不太容易形成的基本特点。反映在政治上，就是俄罗斯政治精英如何协调在"东方"和"西方"两端之间的艰难选择。从历史上来看，如此反复出现的政治认同的周期转换和频繁更替是为少见。问题很可能并不在于俄罗斯政治精英和平民是愿意采取"开放"还是"集权"的模式，也不在于哪一种模式更为"正确"，而在于在东西方文明接合部的辽阔地缘空间背景和文明传承之下，"面向东方"还是"面向西方"，"趋于开放"还是"趋于集权"，自古以来，这就是一个身不由己而难以选择的问题。体现到梅普两人身上，如果他们之间的政治合作能够如愿以偿地继续保持，那就意味着，不光是两位俄罗斯政治家的智慧和胸襟超越了历史的限制，而且，一个面向"东方"还是"西方"的千年难题有可能从此开始一步一步地得到理性的解决。普京的政治理念中国家政治的最高目的必须是图强，"梅普体制"也必须以此为中心。俄罗斯政治民主体制仍需要进一步完善，其新的权力和文化机制还需发展健全。一个国家政治体制是否运作高效的核心标准，就是要看这个国家、民族和文化是否可以持续得到发展。西方所谓的现代民主体制，如不能满足图强的基本要求，就可能仅是流于形式。美国政治体制的政治理念是每隔1~2个总统任期通过普选进行一次体制内的"重新洗牌"来激发体制的动力，产生新的强势政治及领袖保证国家的持续发展。在民主、多元与和谐条件下产生的强势政治和强势领袖，即有制约监督的强势，是"有限的"强势，可以发挥出更好的政治效力，反之将出现独裁贻害无穷。"梅普体制"是普京政治智慧的体现，这种体制同时具有反体制性，具有易变动的特点，也有一定的风险，它作为俄罗斯政治学中的全新现象，未来在俄罗斯权力运行之中将发挥什么样的作用，梅普是否可以突破俄罗斯传统文化的价值取向，还需要实践检验和周期的考验。

俄罗斯在乌克兰冲突中的危机决策研究[①]

摘要：俄罗斯以"超级总统制"为特点的权力架构决定了总统在国际危机决策中居于核心地位，而相对完备的法律制度系统、高效全面的情报信息系统和专业管用的智力支持系统是俄国际危机决策的有效保障。因而，俄罗斯的危机决策机制具有集权、高效、国家最高领导人作用突出、运行过程相对隐秘等显著特点。俄罗斯在应对乌克兰冲突等国际危机方面之所以能够取得良好效果，在很大程度上得益于其在处置国际危机过程中决策机制的高效运行。剖析俄罗斯在乌克兰冲突中的危机决策，对于深入研究俄罗斯的对外政策及外交活动具有一定的理论和现实意义，对我国在处置相关国际问题方面也可以提供一定借鉴。

关键词：俄罗斯；危机决策；机制；乌克兰冲突

本文所称"乌克兰冲突"（Ukraine Conflict，又称"乌克兰危机"），是指2013年底由乌克兰时任总统亚努科维奇暂停与欧盟签署联系国协定、乌局势动荡而引发的俄罗斯与以美国为首的西方国家持续性的地缘政治博弈。由于截至2016年底乌克兰冲突尚未彻底解决，本文将研究期限设定为从乌克兰冲突爆发（2013年11月21日）至各方按照俄、乌、法、德四国领导人在明斯克举行第一次"诺曼底四方"会谈所达协议宣布停火为止（2015年2月15日）。作为乌克兰冲突的重量级"当事人"俄罗斯的危机决策直接影响着危机的发展演化。为更为深入地分析俄罗

[①] 本文刊发于《贵州社会科学》2017年8月第8期（总332期），p41-46。

斯在乌克兰冲突中的重大危机决策，本文尝试从阐释国际危机决策的机理和俄罗斯的国际危机决策切入。

一、危机决策机理与俄罗斯的国际危机决策

从词源上考察，"危机"一词最早是古希腊的一个医学术语，指人要么逐渐恢复健康，要么病情恶化直至死亡的一种游离于生死之间的状态，即处于既有"危险"又有"机遇"的一种摇摆状态。按照危机的层次划分，危机可分为全球危机、国际危机、国内危机、组织危机和个人危机等，其中国际危机是指"以两个或几个国家为主要行为者的危机"[①]。危机决策一般是指决策主体在有限的时间、精力和资源等约束条件下，确定危机应对方案的过程。尽管危机的形态和表现方式多种多样，但特定主体的危机决策也具有自身发展变化的规律，分析危机决策的机理有助于从根本上把握危机演化的特点和规律。

危机决策一般包括决策中枢、决策机制、决策环境、决策目标、决策指导思想、决策信息和决策方案等基本要素。[②] 危机决策就是决策中枢在一定的决策环境中，依托本国危机决策机制，根据相关决策信息并结合自身对危机情势的把握，以决策指导思想和决策目标为导向，制定出决策方案或得出决策结论的过程。

对国际危机决策而言，决策机制一般是指一个国家参与危机决策的主要人员、机构及其职能权限和相互关系，是关于制定最终决策的体系和规则的静态架构，决策机制的运行就是制定最终决策的过程。决策中枢包含于决策机制中，一般是由一个国家的最高决策者及其决策圈组成，其中最高决策者既可以是一国元首，也可以是一个领导集体。国际危

[①] 中国现代国际关系研究所危机管理与对策研究中心：《国际危机管理概论》，北京：时事出版社，2003：9。

[②] 赵子聿、贤峰礼：《国家安全危机决策》，北京：时事出版社，2006：45。

决策由于其时间的紧迫性，在多数情况下都是非程序化决策。在危机决策的众要素中，决策机制和决策指导思想一般相对稳定，而决策环境、决策信息、决策目标以及决策方案则随危机个案的不同而变化，决策中枢除最高决策者之外的决策圈也可能有所不同。

对于俄罗斯的国际危机决策而言，决策者就是在俄罗斯政治体制中居于核心地位的俄罗斯联邦总统。国际危机的决策环境、决策信息、决策方案因危机个案的不同而变化，需要结合具体研究案例进行分析。决策目标和决策指导思想虽然对不同形式的危机具有不同的具体内容，但在一定时期、对于同一位决策者来说也在一定程度上具有稳定性。通过对国际危机决策机理的剖析可以看出，决策机制在一个国家应对国际危机、做出危机决策的过程中居于核心地位，是一个国家在国际危机决策中具有稳定性、特质性的重要因素。因此，研究俄罗斯的国际危机决策重在剖析俄罗斯的国际危机决策机制。

二、俄罗斯的国际危机决策机制

（一）俄罗斯危机决策机制的构成

决策机制是影响国际危机决策众要素中最核心同时也是最复杂的一项。从系统论角度出发，可将国际危机决策机制划分为法律制度系统、决策指挥系统、情报信息系统以及智力支持系统四个系统。[①] 就俄罗斯而言，其危机决策机制具有相对完备的法律制度系统、集权统一的决策指挥系统、高效全面的情报信息系统以及专业管用的智力支持系统。

首先，俄罗斯国际危机决策的法律制度系统相对完备。其基础是由《俄罗斯联邦宪法》《俄罗斯联邦安全法》《俄罗斯联邦对外情报法》《俄罗斯联邦侦查活动法》《俄罗斯联邦安全局机关法》《俄罗斯联邦反恐怖主义法》《俄罗斯联邦紧急状态法》《俄罗斯联邦战时状态法》和《俄罗

[①] 赵子聿、贤峰礼:《国家安全危机决策》，北京：时事出版社，2006：197。

斯联邦国家保密法》等构成的国家安全法律体系。另外，俄联邦宪法规定，公认的国际法原则以及俄罗斯联邦签署的国际条约是俄罗斯联邦法律的组成部分，因而国际条约也是俄国际危机决策的约束性法律制度，宪法同时还规定俄联邦国际条约的效力高于联邦法律，当联邦法律与国际条约规定的规则相抵触时，适用国际条约的规则。①

其次，俄罗斯的决策指挥系统架构清晰且呈扁平化，有利于保障集权统一和高效率决策。决策指挥系统一般包括决策中枢及其决策辅助机构。就俄罗斯而言，其决策中枢是俄联邦总统及其决策团队，而涉及国家安全问题的决策团队一般是俄罗斯联邦安全会议的常委和委员，其中常委包括总统、安全会议秘书、总理、外交部长、国防部长和联邦安全局长，委员包括国家杜马主席、联邦委员会主席、总统办公厅主任、俄罗斯武装力量总参谋长、对外情报局长、内务部长、联邦边防局长、司法部长、经济发展部长、总统联邦通讯与信息局长、总统驻联邦区全权代表和俄罗斯科学院院长。由于俄罗斯实行的是以"超级总统制"为核心的集权主义政治体制，总统大权独揽，再加上国际危机决策大多情况下都是非程序性决策，因而，俄总统在选择其决策团队时往往具有较大的自由裁量权，可根据具体情况选择不同的决策圈子。例如，就俄现任总统普京而言，总统办公厅主任、俄油总裁、俄气总裁等政商界精英也完全有可能进入其决策圈。辅助决策机构主要包括总统直属咨询性机构体系中的联邦安全会议和总统直属行政机构体系中的总统办公厅。俄罗斯联邦安全会议是依照宪法规定成立的总统咨询机构，在国家安全决策中占据极其重要的地位，是"在俄罗斯联邦总统领导下发挥作用的保障国家安全的整个国家机制的核心"②，负责从情报汇总分析、决策草案酝酿与制定到最终做出决策整个流程的诸多环节。总统办公厅是总统用来

---

① 冯玉军：《俄罗斯外交决策机制》，北京：时事出版社，2003：8。
② 上海太平洋国际战略研究所：《俄罗斯国家安全决策机制》，北京：时事出版社，2007：63。

履行宪法和联邦法律所赋予的权力而建立的办公机构,素有"影子内阁"之称,在决策过程中往往发挥着不为外界所知却非常关键的作用。

第三,俄罗斯的情报信息系统继承了苏联时期克格勃的老班底,情报搜集能力强。情报信息系统是指为国际危机决策提供情报保障的情报机构,在俄罗斯主要包括军队系统的国防部中的情报局、总参谋部中的格鲁乌,政府系统的外交部、联邦安全局、对外情报局等部门,俄情报部门的情报搜集和分析能力在国际上处于领先地位,且这些强力部门均由俄总统直接领导,在为俄国际危机决策提供及时、准确的情报信息方面发挥至关重要的作用。

最后,包括国家重要智库在内的俄罗斯的智力支持系统可发挥重要作用。智力支持系统是一国在国际危机决策过程中可倚重的智力资源的总称,就俄罗斯而言,主要是指为俄罗斯在一定国际形势下制定国际战略及外交政策出谋划策的对外政策智库,如有"俄罗斯的兰德公司"之称的俄罗斯战略研究所,科学院系统的世界经济与国际关系研究所、美国与加拿大研究所、远东研究所等,以及非官方的著名智库——外交与国防政策委员会,等等。俄罗斯对外政策智库研究实力雄厚,且在俄罗斯的国际危机决策中发挥着重要的、独特的作用。

（二）俄罗斯危机决策机制的特点

总体看,俄罗斯以"超级总统制"为特点的权力架构决定了总统在国际危机决策中居于核心地位,而相对完备的法律制度系统、高效全面的情报信息系统和专业管用的智力支持系统是俄国际危机决策的有效保障。因而,俄罗斯的危机决策机制具有集权、高效、国家最高领导人作用突出、运行过程相对隐秘等显著特点。

由于最高决策者的个人因素在俄罗斯国际危机决策中的作用十分突出,总统的个性特征、决策偏好等对决策影响很大。俄罗斯现任总统普京强硬的个性、素有的大国情结和务实灵活的外交作风等特质与俄罗斯在国际危机处置中雷厉风行、强硬霸气，始终坚定维护俄罗斯"大国地位"和国家核心利益的做法息息相关。另外，俄罗斯国际危机决策机制的实际运行也相对隐秘，往往总统及其选定的几位关键决策者决定了最终决策的形成。

三、俄罗斯在乌克兰冲突中的危机决策

俄罗斯在乌克兰冲突中的决策是一种典型的国际危机决策，下面将详细剖析俄罗斯在应对这一重大国际危机中的决策及其特点。本文将研究期限内（2013年11月21日至2015年2月15日）的乌克兰冲突分为三个阶段：第一阶段是"危机爆发初期"，始于2013年11月21日亚努科维奇政府宣布暂停与欧盟签署联系国协定致乌克兰冲突爆发，止于2014年2月22日亚努科维奇被国会革职并逃离基辅；第二阶段是"危机升级阶段"，始于2014年2月23日乌议会批准图奇诺夫为临时代总统，止于2014年3月21日俄正式批准克里米亚并入俄联邦；其后至2015年2月15日各方根据第一次"诺曼底四方"会谈达成协议宣布停火是"危机僵持阶段"。在危机的每个阶段，以普京为最高决策者的决策中枢都根据不同的国际国内形势进行了相关危机决策。

（一）危机爆发初期（2013年11月21日—2014年2月22日）

1. 国内外形势概述

2013年11月21日，在欧盟与独联体六国间东部伙伴关系峰会即将于立陶宛首都维尔纽斯召开的前夕，乌克兰亚努科维奇政府突然宣布暂停与欧盟在峰会期间签署联系国协定的计划，并宣称将转而加强同独联体国家尤其是俄罗斯的经贸联系。①乌当局此举引发大规模抗议，抗议者在乌首都基辅独立广场集会，要求恢复与欧洲一体化进程。当月24日，抗议规模扩大至近10万人；30日，乌警方与抗议民众发生冲突并逮捕

①《乌政府决定暂停与欧盟签署准成员国协定的筹备进程》，人民网，2013-11-22。

35名抗议者，随后抗议集会日益扩大，乌反对派和极端组织开始介入；抗议持续至2014年1月28日，亚努科维奇政府骤然妥协，宣布接受总理阿扎罗夫和全体内阁辞职，议会也撤销了限制抗议的法律，但抗议并未结束，反对派和极端组织变本加厉，要求亚努科维奇下台，并将乌政体改为"议会总统制"；2月18日，抗议活动骤然升级，示威者与警方发生大规模流血冲突，造成26人死亡、近800人受伤[①]；2月22日，亚努科维奇总统被乌克兰议会革职并逃离首都基辅，乌反对派修改宪法，通过了恢复"议会总统制"、提前举行总统大选等决议。

适值第22届冬奥会于2014年2月7日至23日期间在俄罗斯索契举行。冬奥会前夕，索契周边地区恐怖活动猖獗，与当地直线距离仅300多公里的车臣和达吉斯坦，历来是伊斯兰极端势力频繁活动的地区。2013年至2014年间，仅北高加索地区就发生33起袭击事件；2013年10月至2014年1月间有一百余人被恐怖分子杀害[②]；2014年1月8日，在俄北高加索城市斯塔夫罗波尔的4辆汽车中发现了6具尸体和4枚炸弹；1月19日，极端组织"维拉亚特达吉斯坦"在互联网上发布视频，威胁要为索契冬奥会送上"复仇之礼"。北高加索的"高加索酋长国"、基地组织、车臣的"黑寡妇"以及"独狼"等恐怖势力均可能对索契冬奥会发动恐怖袭击，俄冬奥会安保任务十分严峻。本届冬奥会作为俄斥巨资打造的一场"超级派对"，俄政府极力避免让1980年莫斯科夏季奥运会遭欧美抵制的尴尬局面重演，而是希望借助冬奥会的成功举办为自己的"大国名片"添色。因此，俄罗斯几近举全国之力加强安保工作，普京在俄联邦安全会议上要求动员所有力量确保冬奥会无虞。据西方媒体报道，俄在索契地区部署了五万多名军警，在市内还加强了对人员、车辆的排

---

① 《乌克兰暴力冲突升级已致800人伤亡，军方或介入》，中国新闻网，2014-02-20。
② 史春树：《俄罗斯如何保卫索契冬奥会》，青年参考，2014-01-29。

查力度，采取了"奥运史上空前的安保措施"[①]。

2. 俄罗斯的阶段性危机决策及其特点

俄罗斯当局为确保索契冬奥会圆满成功，尤其是在索契周边安全形势不容乐观的情况下确保冬奥会安保不出纰漏，难以抽出更多时间精力投入到乌克兰变局中。在此情势下，俄并未积极介入乌克兰局势，而是寄希望于亚努科维奇政府，希望通过提供经济援助、加强政治磋商等方式稳控住乌克兰局势。例如，2013年12月17日，俄罗斯向乌克兰提供了150亿美元贷款并将出口乌克兰的天然气价格下调三分之一。分析认为，俄在危机初期的危机决策是一种"保守型"的决策模式，展现出被动、务实、谨慎等特点。然而，危机爆发初期，亚努科维奇政府仍未完全丧失控局能力，如俄能早日助其采取适当应对措施，局面也有可能得到有效控制[②]，而此阶段俄选择了不积极介入乌克兰局势的"保守型"决策，致使其丧失了有可能稳控住乌克兰局势的有利时机，为西方"插手"乌克兰事务留了空子，随后乌克兰冲突局势的迅速升级也令俄始料未及。[③]

（二）危机升级阶段（2014年2月23日—2014年3月21日）

1. 国内外形势概述

2014年2月23日索契冬奥会圆满闭幕当天，乌克兰议会批准图尔奇诺夫为临时代总统，亲俄的乌政权已被颠覆，亚努科维奇也已不知逃往何方。同日，反对派控制下的乌克兰最高拉达还宣布废除《关于国家语言政策基本法》法案，该法案确立了俄语在至少10%的居民以俄语为母语的

[①] Steven Lee Myers, *Determined to Miss Nothing, Russia Trains All Eyes on Sochi*, The New York Times, 2014-01-19.

[②] Rajan Menon & Eugene Rumer, *Conflict in Ukraine: The Unwindling of the Post — Cold War Order*. Massachusetts: The MIT Press, 2015.

[③] Steven Lee Myers, *Determined to Miss Nothing, Russia Trains All Eyes on Sochi*, The New York Times, 2014-01-19.

乌克兰地区具有官方语言地位。① 与此同时，乌克兰代总统图尔奇诺夫还高调宣称乌克兰将很快重返欧洲一体化道路；24 日，亚努科维奇被乌克兰警方通缉；27 日，议会批准乌克兰成立新政府，由"祖国联盟党"领袖亚采纽克出任总理。至此，乌克兰大势已去，俄已无法扭转乾坤。

当乌新政府与俄渐行渐远之时，克里米亚等地却出现了截然相反的趋势。2 月 23 日，在克里米亚半岛的塞瓦斯托波尔爆发亲俄示威游行；25 日，克里米亚居民开始在议会大楼附近举行无限期抗议活动，表示不承认基辅冲突后掌权的国家新政权，还要求恢复 1992 年版克里米亚宪法（依据该宪法，克里米亚与乌克兰之间的相互关系必须建立在"协定和条约"的基础上，半岛上的居民有权享有双重国籍，克里米亚可以建立独立的军队）。此外，抗议民众还要求举行全民公投，主张让克里米亚的居民通过公投来选择自身的发展道路，包括"保持克里米亚目前作为乌克兰自治共和国的地位""克里米亚成为一个独立国家""克里米亚并入俄联邦"等选项。② 克里米亚的大部分民众与乌克兰新政府形成严重对立，亲俄与亲乌的激进分子之间甚至爆发了激烈冲突。

2. 俄罗斯的阶段性危机决策及其特点

针对乌克兰急转直下的紧张局势，2 月 22 日至 23 日，普京连夜召集联邦安全局长博尔特尼科夫等人经过彻夜商讨最终决定解救被废黜的乌克兰总统亚努科维奇。同时，普京还向俄罗斯相关专家（社会学家、民族学家等）咨询关于克里米亚民众回归俄罗斯的意愿问题，在得到"大约 75% 的人支持克里米亚回归，而如果俄罗斯公开支持公投、支持克里米亚入俄，将可能最终获得 90% 以上的支持率"的答复后，普京毅然决

---

① Верховная Рада Украины объявил об отмене Основного закона о государственной языковой политики, РИА Новости（俄新社），https://ria.ru/world/2014-02-23/996527008.html.

② Референдум в Крыму о статусе автономии, РИА Новости（俄新社），https://ria.ru/spravka/2017-03-16/1489950964.html.

定"设法让克里米亚回归俄罗斯"①。27日,没有任何俄军标志、被西方媒体称为"小绿人"的俄罗斯特种部队突然占领克里米亚的重要军事设施和战略重地,封锁半岛与乌克兰大陆之间的交通要道。同时,俄还对乌克兰实施了高强度网络攻击,导致克里米亚及其港口的所有网络摄像头几乎都被切断,费奥多西亚港口的新闻网站因遭受攻击而瘫痪,乌克兰政府的官方通信网络也遭受新型网络病毒的袭击。②3月1日,普京正式向俄联邦委员会提议出兵克里米亚并获得批准,俄军迅速控制了克里米亚,此后驻扎在半岛上的乌克兰部队纷纷倒戈,俄军几乎兵不血刃、不费一枪一弹拿下了克里米亚。与此同时,俄还在俄乌边境和黑海大规模部署军事力量,进行军备突击检查和大规模军演,借以形成军事威慑。俄对克里米亚的军事行动出其不意,令北约措手不及,但北约也马上做出了军事回应。3月6日,美国海军驱逐舰"特鲁斯顿号"开赴黑海并准备与北约盟国进行军演,同时还有美军战机被派往立陶宛和波兰,克里米亚地区局势空前紧张,同日,为避免"夜长梦多",克里米亚议会决定将原定于3月30日举行的独立公投提前至当月16日,并将公投议题改为"是否加入俄联邦"。3月8日,俄军再次增兵,数百辆军车驶入克里米亚。16日,克里米亚公投顺利举行,结果显示96.77%的选民赞成克里米亚入俄。18日,普京在克里姆林宫同克里米亚及塞瓦斯托波尔代表签署条约,允许克里米亚和塞瓦斯托波尔以联邦主体身份加入俄联邦。21日,普京签署克里米亚共和国及塞瓦斯托波尔市加入俄联邦的总统法令,宣布两地完成所有入俄法律程序并被编入克里米亚联邦管区。

亚努科维奇政府被推翻后,乌克兰新政府倒向西方的趋势已难以阻挡,俄面临失去整个乌克兰的危险,普京当局对乌新政府以及被俄认定

---

① Rajan Menon & Eugene Rumer, *Conflict in Ukraine: The Unwindling of the Post — Cold War Order*. Massachusetts: The MIT Press, 2015: 81-86.

② Andrew Wilson, *Ukraine Crisis: What is Means for The West*. New Haven and London: Yale Unlversity Press, 2014: 99-118.

一手制造乌克兰冲突的西方国家产生了一种"愤怒"甚至"怨恨"的情绪，令俄决定必须积极介入乌局势以"止损"并进行反击。①恰在此时，克里米亚半岛和乌克兰东部地区的亲俄示威活动为俄趁势"有所作为"提供了有利时机，这些民众的亲俄民意成为俄罗斯进行绝地反击的有力抓手。在此情势下，为防止乌克兰局势继续向不利于俄的方向发展，俄毅然运用军事谋略出其不意出兵克里米亚，实现了对半岛的完全掌控，并在公投支持下决定接纳克里米亚入俄。总体看，俄在危机升级阶段采取了一种"激进型"的危机决策，体现了俄对领土扩张和控制出海口的热衷，也展现出俄危机决策突变性大、隐秘性强以及决策者作风强硬、善用谋略等特点。

（三）危机僵持阶段（2014年3月22日—2015年2月15日）

1. 国内外形势概述

2014年3月初以来，在乌克兰东部的顿涅茨克、卢甘斯克等地亲俄民众和反政府组织就不断发起示威活动。3月中下旬克里米亚入俄后，顿涅茨克、卢甘斯克两州的游行集会更为高涨，抗议民众纷纷要求俄保护其合法权益，并希望仿效"克里米亚模式"加入俄联邦。4月7日，顿涅茨克州的集会民众宣布建立"顿涅茨克独立共和国"，要求从俄罗斯引入维和部队并拟于5月11日前就加入俄联邦举行公投。4月13日，乌克兰政府开始调动全国安全力量启动"反恐怖主义行动"，出动坦克、装甲运兵车和直升机，对乌克兰东部展开军事行动，清剿亲俄武装人员。4月28日，美国白宫宣布对7名俄罗斯官员及17家公司实施制裁，西方对俄经济制裁拉开序幕。5月11日，顿涅茨克州和卢甘斯克州举行全民公投，决定是否独立。5月12日，两州的全民公投结果出炉，支持独立的选票分别高达89%和96%，两州随即宣布成立独立的"主权国家"。5

---

① Rajan Menon & Eugene Rumer, *Conflict in Ukraine: The Unwindling of the Post—Cold War Order*. Massachusetts: The MIT Press, 2015: 53-87.

月25日,乌克兰举行总统选举。6月2日,波罗申科宣布以54.7%的得票率赢得总统选举,并于6月7日正式宣誓就职。6月27日,波罗申科与欧盟签署联系国协定,乌克兰正式启动加入欧盟的准备工作。7月29日,欧盟指责俄罗斯破坏乌克兰东部稳定,宣布对俄罗斯实行经济制裁。8月29日,乌克兰总理亚采纽克称,乌克兰将启动加入北约的计划。9月5日,乌克兰冲突双方在明斯克签署12点停火协议,从北京时间当晚23点正式生效,但此后仍不时有零星武装冲突发生,政府军与反对派相互指责对方违反停火协议。2015年2月11日,俄罗斯、乌克兰、法国、德国四国领导人在白俄罗斯首都明斯克举行"诺曼底四方"会谈,会谈后普京宣布乌克兰危机各方同意从2月15日开始停火。

2. 俄罗斯的阶段性危机决策及其特点

克里米亚入俄之后,俄与乌克兰新政权"反目成仇",与美国和西方国家的关系也"急转直下"。在此情势下,针对乌东地区亲俄民众要求俄派驻军队和支持其仿效"克里米亚模式"公投入俄的请求,俄并未继续"冒进",而是适可而止、见好就收,提出保持乌东高度自治的方案,并未支持乌东独立。普京还对外明确表态俄不会对乌东地区进行军事干涉,俄方自始至终也从未承认在该地区采取过直接军事行动。然而,据西方媒体报道,俄"明修栈道,暗度陈仓",虽口头不承认俄军参与乌东军事行动,但一直根据局势发展秘密进行军事干预,借以牵制乌政府,阻碍其加入欧盟和北约。[①]北约军事总部危机管理中心主任迪肯2014年4月27日宣称,俄罗斯近4万名士兵集结在乌克兰边境,超过100个地方部署了坦克、直升机、炮兵、特种部队、作战飞机和后勤部队,有些部队距离乌克兰边境仅40公里。总理亚采纽克等乌克兰高官及多名议员也数次指责俄军伪装成亲俄武装分子在乌东参加战斗。与此同时,针对西方

[①] Andrew Wilson, *Ukraine Crisis: What is Means for The West*. New Haven and London: Yale Unlversity Press, 2014: 118-144.

发起的"经济制裁战",俄方也针锋相对地进行了经济"反制裁"。2014年8月7日,俄罗斯决定对美国和欧盟实施经济制裁,禁止大部分从欧盟和美国进口的食品。此外,俄与西方还在军事部署、舆论宣传等领域明争暗斗,但同时双方也试图通过政治谈判、外交磋商等途径加强接触,促进冲突解决。

在漫长的危机僵持阶段,乌克兰东部地区局势持续动荡,但俄罗斯并非一味只逞"匹夫之勇",鉴于乌东地区与克里米亚在历史渊源、战略地位等方面都差别较大,普京当局坚持对于乌东地区避免"明目张胆"地进行军事干涉,而是通过打代理人战争、秘密战和特种战等(西方称之为"混合战争"),以实现顿涅茨克、卢甘斯克等地获得高度自治地位甚至取得"事实上的独立"(诸如阿布哈兹和南奥塞梯地区)为目标,不惜与西方国家在军事、经济、舆论宣传、政治外交等领域持续博弈。总体看,本阶段俄采取了一种相对"稳健型"的危机决策,展现出俄务实、灵活、不妥协等特点,且背后不乏强烈"大国意识"的印痕。

总而言之,俄罗斯在乌克兰冲突中的危机决策为俄罗斯及时有效应对国际危机提供了坚实保障,为俄罗斯在世界舞台的大国外交增色加分不少。当今国际局势诡谲多变,国际危机突然爆发后各个国家行为主体间互动的模式和强度已发生了变化,决策者的反应时间往往比较有限,在很大程度上考验着行为主体的危机决策能力和综合战略决策能力。俄罗斯在应对乌克兰冲突等国际危机方面之所以能够取得良好效果,在很大程度上得益于其在处置国际危机过程中决策机制的高效运行。剖析俄罗斯在乌克兰冲突中的危机决策,对于深入研究俄罗斯的对外政策及外交活动具有一定的理论和现实意义,对我国在处置相关国际问题方面也可以提供一定借鉴。

特朗普当选美国总统后俄罗斯对外政策走向展望[①]

摘要：特朗普当选美国总统后，俄美关系高开低走，未来走向不甚明朗，同时，俄罗斯外交政策也在不断进行调整，其未来走向值得密切关注。结合当前俄罗斯面临的国内外形势，通过分析近期俄罗斯外交新动向，本文对未来尤其是特朗普首届总统任期内俄罗斯对外政策的"不变"与"变"进行了一些积极预测。本文对于深化俄罗斯外交政策研究具有一定的理论和现实意义。

关键词：俄罗斯；对外政策；特朗普；俄美关系

2016年11月9日，美国共和党人特朗普击败民主党人希拉里当选第45任美国总统。政坛黑马、"政治素人"特朗普的当选，对国际政治、大国关系、世界经济乃至国际局势都产生了一定影响。对俄罗斯而言，其外交政策尤其是对美政策调整迎来了关键节点。截至目前，俄美关系未来走向不甚明朗，俄罗斯外交政策也不断进行调整。那么，在可预见的未来，特别是在特朗普的首届总统任期内，俄罗斯的对外政策将走向何方，是否会有一系列重大调整以及哪些方面将会调整，这些问题值得我们关注和研究。结合国内外背景及俄罗斯近期外交动向，笔者进行了一些积极的分析预测，以深化对俄罗斯外交政策理论与实践的研究。

[①] 本文刊发于《俄罗斯东欧中亚研究》2017年第4期，p75-86。

一、国内外背景及俄罗斯外交动向

2008 年国际金融危机爆发以来，国际格局和世界秩序开启了深刻调整的步伐，冷战结束后形成的以"一超多强""西方主导"[①]为主要特征的国际格局正受到冲击，世界政治舞台上越来越多的参与者对当前世界秩序的不满情绪逐渐上升，新老强国立场对立，非西方强国希望在政治和安全领域制定全球新规则，改变世界经济秩序尤其是金融秩序，但西方则想维持自己的特权地位，多极化进程在曲折和复杂中向前推进。此外，行为主体多元化日益成为国际关系的新现实，世界秩序进入混乱无序期和动荡调整期，一些国家国内秩序失衡，社会分化严重，关于内部改革意见分歧巨大，国际政治日益成为转移国内矛盾的手段。但同时，国际社会对如何塑造国际新秩序尚不明确，更难达成共识，全球事务主要参与者在重构国际新秩序问题上各有盘算，全球新秩序"难产"。对俄罗斯而言，外部环境复杂严峻。乌克兰危机爆发后，俄罗斯与西方关系严重对立，美国和欧洲对俄罗斯持续进行外交围堵和经济制裁。从国内看，近年来普京进一步巩固了"统一俄罗斯"党的执政地位，在 2016 年国家杜马选举中大获全胜，更加强化了行政控局能力，增强了"普京体制"的生命力。经济上，俄罗斯采取系列反危机措施对冲国际油价下跌和西方经济制裁等不利影响，经济逐渐触底并开始企稳回升，艰难适应了经济低迷、缓慢复苏的"新常态"，俄罗斯央行预计俄罗斯经济在 2017 年将实现 1.5% 左右的增长。2018 年 3 月，俄罗斯将举行总统大选，对普京及其执政团队又是一次巨大考验。面对复杂国内外形势，俄罗斯在外交方面因势利导，主动作为，左冲右突，努力改善外部环境，在外交领域亮点频现，外交运筹可圈可点。

[①] 金灿荣：《从一超多强到两超多强：西方主导体系瓦解》，中华网论坛，2015 年 12 月 7 日，http://military.china.com/critical3/27/20151207/20889464_all.Html.

特朗普当选美国总统至今，俄罗斯外交主要有以下新动向：一是明确新形势下俄罗斯对外政策原则立场。2016年11月30日，普京签署命令批准新版《俄罗斯联邦对外政策构想》（以下简称《构想》），对俄罗斯与美国、欧洲以及北约的关系、乌克兰危机、叙利亚危机、打击国际恐怖主义和军备控制等问题的阐述更为具体，体现出俄欧关系仍然冷淡、俄罗斯对美仍然持负面态度以及坚决反对北约扩张的立场。在地区优先方向的排序中，欧美重新回到了亚太的前面，但在强调重视同西方关系的同时，也不避讳同西方的严重分歧，不掩饰对亚太的重视，《构想》指出"俄罗斯将加强本国在亚太地区的地位视为具有战略意义的外交政策方向"[①]。此外，普京还于2016年12月1日发表年度国情咨文、2016年12月23日出席年度记者会，进一步阐述了俄罗斯对外政策的原则立场。二是积极争取改善俄美关系。2016年11月9日特朗普当选总统后，普京第一时间发去贺电，成为首位祝贺其当选的外国领导人。2017年1月28日，特朗普就职后首次与普京通电话，协商改善俄美关系。2月16日，俄罗斯外长拉夫罗夫与美国新任国务卿蒂勒森举行首次会晤，系俄美在总统大选后首次高规格外交磋商，但会晤并无具体成果，俄罗斯对此略感失望。2017年5月10日，俄罗斯外长拉夫罗夫访美，分别会见特朗普及蒂勒森，但也没有取得实质性的成果。虽然俄美两国元首改善双边关系的意愿强烈，但弗林"通俄门"爆发后，特朗普政府承受巨大国内外压力，短期内已无力推动俄美关系明显改善。4月6日，美军动用"战斧"式巡航导弹袭击了叙利亚政府军，俄美关系重启再次受挫。4月12日，蒂勒森访俄，俄美关系仍无突破。三是发挥主导优势，强化俄日关系。2016年安倍两度访俄，是年12月15—16日，普京时隔11年后访日，访问的重点是商谈俄日经贸合作问题，两国领土争议问题几无突破。

---

① Концепция внешней политики Российской Федерации. 30 ноябрь 2016 г.

2017年4月27日，安倍再度访俄，仍主要聚焦经贸议题。四是在叙反恐持续发力。2017年1月23—24日，俄罗斯会同土耳其、伊朗在哈萨克斯坦首都阿斯塔纳举行叙利亚问题会谈，除俄、土、伊三方代表外，叙政府代表团和反对派代表团也受邀参加会谈。会谈在建立联合监督机制、区别化打击极端组织方面达成共识。4月24日，伊朗媒体报道称俄已做好向叙派出地面部队的准备，俄罗斯未予正面回应。5月4日，俄、土、伊三国签署在叙利亚设立"冲突降级区"的协议。五是加强对中东欧等边缘国家外交。2017年2月2日，普京时隔两年后访问匈牙利，使两国关系再上新台阶，在政治、经济和能源领域加强两国关系，不仅在地缘政治方面为俄欧关系转圜造势，还在能源上以匈为棋子加快构建对欧供气新格局。在欧盟主要成员国法、德大选，英国启动脱欧进程的背景下，俄不断在欧盟内部投棋布子，加强对中东欧等边缘国家争夺，陆续拓展其影响力。

特朗普当选后，俄罗斯不但进行了外交政策战略调整，还在各个重点外交方向上进行了外交实践。未来，秉持"美国优先"政策理念的特朗普，或倾向于把更多精力放在国内问题上，在美国对外政策"收缩"的情况下，将会给俄罗斯带来更大的外交运作"空间"，俄罗斯会抓住时机而力图有更多的作为。

二、俄罗斯对外政策的延续性："不变"之处

（一）对建立国际新秩序的基本主张不变

俄罗斯在每一版《构想》中都要阐述对世界新秩序的政策主张，并一贯强调"在完全尊重联合国核心协调作用的条件下，坚持世界主要国家的集体领导"[1]，倡导不断加强在"二十国集团""金砖国家""上海合作组织"等国际及地区机制框架内的协作。苏联解体以来，俄罗斯历

---

[1] Концепция внешней политики Российской Федерации. 30 ноябрь 2016 г.

来主张各国有权根据本国国情独立自主选择发展道路，认为别国不应干涉他国内政。在建立世界新秩序方面，俄罗斯支持世界向多极化方向发展，主张建立和平稳定、公正合理的国际政治经济新秩序，坚持反对一切形式的霸权主义、单边主义和强权政治。俄罗斯始终把"成为当代世界一个有影响力和竞争力的力量中心"[①]作为对外政策的基本目标之一。结合俄罗斯在当今国际体系中的地位和本国发展趋势，根据俄罗斯对世界体系和国际形势的认知把握，可以预见未来俄对建立国际新秩序的基本主张将保持不变。

（二）对外政策地区优先方向的排序不变

在地区层面，俄罗斯外交的优先方向主要包括独联体、欧洲、美国和亚太地区等。首先，发展与独联体国家的双边或多边合作、进一步巩固有俄罗斯参与的独联体空间一体化是俄罗斯对外政策的最优先方向。自20世纪90年代中期开始，独联体一直被定位为俄对外政策的最优先方向，近年来出台的几个版本的《对外政策构想》以及《国家安全构想（战略）》均是如此。其次，作为俄罗斯重要经贸及外交伙伴、与其"不可分割"的欧洲是俄罗斯外交的第二优先方向。第三，基于美国在当今世界的政治、经济和军事等领域的重要地位，发展与美国的关系是俄罗斯对外政策的第三战略优先。第四，随着"世界经济和政治重心持续向亚太地区转移"[②]，巩固俄罗斯在亚太地区的地位、积极参与亚太地区一体化进程、发展与亚太地区国家关系，成为俄罗斯对外政策中分量不断加重的优先方向。其中，近年来中俄关系正处于历史上的最好时期，中俄全面战略伙伴关系逐步深化，不断提升，其在俄罗斯对外关系中的分量举足轻重。在俄罗斯近年来的数版《对外政策构想》中，从独联体到

---

① Там же.

② 华东师范大学俄罗斯研究中心、俄罗斯国防与外交政策委员会：《21世纪的中国与俄罗斯：地区挑战与机遇——"瓦尔代"国际辩论俱乐部俄中分组讨论提纲》，载《俄罗斯研究》2012年第1期。

欧洲、美国再到亚太地区的优先次序排序保持稳定。2013年年底爆发的乌克兰危机使俄罗斯与西方关系跌至冷战后的最低谷，2015年12月31日出台的新版《俄罗斯联邦国家安全战略》在地区优先方向的排序中，将中国、印度和亚太地区提到了欧美之前。[①]虽然如此，2016年11月30日普京批准的新版《对外政策构想》又将欧美重新排到了亚太地区前面。俄罗斯外交历来奉行以西方为重心、东西方兼顾的"双头鹰"战略，俄罗斯对外政策中关于地区优先方向的排序也恰好印证了这一点。从俄罗斯的外交传统和国家现实利益角度分析，在可预见的未来，俄罗斯外交地区优先方向的排序仍将继续保持稳定。

（三）态度强硬、主动作为的外交作风不变

普京上台之初，曾试图与西方全面改善关系，采取以妥协求合作的对外政策方针。以"9·11"事件为契机，俄罗斯与美国建立了反恐伙伴关系，并在第二轮北约东扩、核裁军及防扩散、美国退出《反导条约》以及美军进驻中亚等问题上多次做出战略妥协。然而，俄罗斯的退让未能换来西方对俄罗斯国际地位和势力范围的承认，俄罗斯与西方关系未能得到实质性改善。2003年起，格鲁吉亚的"玫瑰革命"（2003年）、乌克兰的"橙色革命"（2004年）以及吉尔吉斯斯坦的"郁金香革命"（2005年）先后爆发，这些在原苏联空间由西方国家积极鼓动和支持的"颜色革命"，使俄罗斯重新审视并大幅调整对外政策，俄对西方外交政策由妥协求和转变为强势反击，态度更趋强硬、以抗争促合作、变被动为主动成为俄罗斯对西方外交政策的主线。2008年的俄格战争、2014年的克里米亚事件和乌克兰危机，以及2015年俄军出兵叙利亚，均展现出俄罗斯对西方强硬、主动、敢于抗争的外交风格。克里米亚入俄以来，虽然俄罗斯经济发展陷入困境，但其国内民族主义高涨，普京支持率再创新高

---

① Стратегия национальной безопасности Российской Федерации. 31 декабрь 2015 г.

并居高不下，俄罗斯外交亮点纷呈。普京素有"铁腕总统"之称，外交风格历来强硬。2018年俄罗斯即将举行总统大选，从当前俄罗斯的内政形势看，普京很有希望再次赢得选举，俄罗斯外交的基本方针或将延续。在俄罗斯与西方结构性矛盾难解、双方战略对抗的情况下，俄罗斯仍将保持强硬、主动的外交作风。

（四）外交为国内稳定与发展服务的基本点不变

苏联解体后，俄罗斯外交的意识形态色彩弱化，维护国家利益的务实外交是俄罗斯对外政策的根本取向。以俄罗斯的视角，最根本、最核心的国家利益是能够坚持独立自主、保持国家主权和领土完整以及实现国内稳定和发展。外交是内政的延续，俄罗斯外交本质上也要出于内政的需求，为内政服务。俄罗斯历版《对外政策构想》均旗帜鲜明地强调，外交的总体目标是为促进国内经济社会发展、改善民生和维护政治安全和社会稳定创造有利的外部条件，展现出俄罗斯外交为内政服务的务实性、实用性。短期内，俄罗斯执政精英相对稳定，无论国际形势如何变化，俄罗斯外交服务于国内稳定与发展的基本出发点不会变。

三、俄罗斯对外政策的调整趋势："变化"之处

（一）加大力度提升在原苏联空间的影响力

独联体国家始终处于俄罗斯外交的最优先方向，维持对独联体国家的影响力、继续推动独联体一体化对于俄罗斯保障国家安全、巩固地缘政治影响和重塑大国地位意义重大。特朗普上台至今仍未形成较为清晰的外交战略，但从其竞选时期的主张来看，孤立主义在一定程度上有所回归，美国或进入新一轮全球战略收缩期。与此同时，英国脱欧致欧盟一体化进程受阻，欧洲面临反恐、难民等诸多棘手问题。在美欧对独联体地区因无暇顾及而关注度下降，且俄与西方关系短期内难有实质性转圜的情况下，俄罗斯或趁机加强独联体外交，加大对该地区事务的介

入力度，增强其在后苏联空间的影响力。俄罗斯或将采取以下策略或措施。

首先，以欧亚经济联盟为基轴，推进区域一体化进程。2014年5月29日，俄罗斯、白俄罗斯和哈萨克斯坦三国总统签署《欧亚经济联盟条约》，宣布从2015年1月1日起将关税同盟升级为欧亚经济联盟。2015年亚美尼亚和吉尔吉斯斯坦相继加入该联盟。推动欧亚一体化是普京2013年重返克宫后的一项核心"工程"，俄罗斯希望通过建设欧亚经济联盟来拉拢独联体国家，整合后苏联空间。欧亚经济联盟对俄联邦意义非凡，俄罗斯甚至将其视为俄复兴的"最后一根稻草"。另外，欧亚经济联盟还是俄罗斯当前应对西方经济制裁的重要"补给中心"，俄罗斯停止从欧洲进口部分农产品后，哈萨克斯坦、亚美尼亚和塔吉克斯坦已成为其农产品的进口替代国。美欧升级并延长对俄罗斯经济制裁，在一定程度上更加坚定了俄罗斯推进欧亚经济联盟建设的决心。

其次，以集体安全条约组织为依托，加强军事与安全合作。集体安全条约组织（以下简称"集安组织"）是俄罗斯主导的独联体军事安全一体化机制，成员国包括俄罗斯、白俄罗斯、哈萨克斯坦、吉尔吉斯斯坦、塔吉克斯坦和亚美尼亚。该组织设有元首理事会、国防部长和总参谋长联席会议等决策机制以及常设委员会和秘书处等执行机制。在俄罗斯的推动下，近年来集安组织的军事化程度明显提高，已经组建了数支集体安全部队。2014年克里米亚事件以来，北约在东欧地区进行进攻性的加强军事部署，不断向波罗的海三国和波兰等北约盟国增派兵力。2017年2月，北约在立陶宛派驻一个营的兵力，预计2017年还将向波兰和波罗的海国家增派驻军3000~4000人。自2017年年初开始，北约军演次数和强度不断增加，演习从德国拉开序幕，随后按计划将分别在波兰、立陶宛、拉脱维亚和爱沙尼亚举行，其态势是一步步向俄罗斯逼近。此外，独联体国家在反恐、环境保护、打击毒品走私等非传统安全领域均需加

强合作。因此，俄罗斯无论是出于应对北约在东欧军事上给其造成的巨大外部压力，还是出于加强与独联体国家安全合作、增加对后苏联空间地缘政治影响力的内部需求，借助集安组织同独联体国家加强军事与安全合作是俄罗斯外交的大势所趋。

第三，通过介入地区冲突，增加牵制独联体国家的有效砝码。后苏联空间存在一些"被冻结的冲突"，起初包括摩尔多瓦"德左"问题、亚美尼亚和阿塞拜疆的"纳卡"问题、格鲁吉亚的南奥塞梯和阿布哈兹问题。2013年乌克兰危机爆发后，部分学者将乌克兰东部冲突及"克里米亚问题"归为"被冻结的冲突"进行研究。这些冲突久悬不决，时而激化升级，不仅已演变为错综复杂的民族冲突，还导致出现一些所谓"不被承认"的"独立国家"，世界大国和国际组织纷纷参与冲突调停，地缘政治玩家之间不断进行博弈对抗。在南高加索地区，"纳卡"争端已成为亚美尼亚和阿塞拜疆两国关系不可逾越的障碍，而南奥塞梯、阿布哈兹"脱格入俄"的分离主义倾向始终是格鲁吉亚一大心病。近年来，俄罗斯借助地区冲突之机，不断强化在南高加索地区的军事存在，不仅保证了俄罗斯的南部战略安全，还增加了对南高加索各国的地缘政治影响力。2014年3月克里米亚半岛"脱乌入俄"，乌克兰东部战事持续至今，俄罗斯与西方在乌克兰大打"代理人战争"，双方边打边谈，激烈博弈，克里米亚和乌东问题如今也是俄罗斯牵制乌克兰甚至欧洲和美国的一大砝码。介入独联体国家地区冲突已成为俄外交比较极端但行之有效的途径和方式，是俄罗斯牵制或影响独联体国家的重要手段。

（二）更趋理性务实和积极主动，逐步改善与西方关系

冷战结束后，俄罗斯与西方关系起伏不定、波折不断。苏联解体初期，俄曾试图与以美国为首的西方国家建立战略伙伴关系，双方度过了短暂的"蜜月期"，但其融入西方的美好愿望最终破灭，2003年伊拉克战争爆发后，俄罗斯开始对以美国为首的西方国家进行战略反制起，至

北约东扩"得寸进尺"、独联体国家接连爆发"颜色革命"以及 2008 年俄格战争爆发，俄罗斯与西方关系转入背道而驰的轨道。截至目前，俄罗斯与西方关系仍在最低谷徘徊，未有实质性改观。在俄罗斯与西方关系长达十余年的整体下滑过程中，双方的对抗、博弈或竞争明显大于合作，双方这么长时间的交恶在苏联解体后实属罕见。目前，俄罗斯经济萎靡，与西方国家经济制裁和政治博弈依然激烈，双方在乌克兰危机、叙利亚危机中均骑虎难下，但并非没有改善关系的意愿。正如普京和特朗普所说，俄美关系恶化已触及了"最低点"，未来，若无重大意外地缘政治事件或意外突发事件发生，俄对西方政策将更趋理性务实，通过试探性外交"投石问路"，寻求恰当时机与合适路径逐步与西方国家改善关系。

深入地看，对俄罗斯而言，俄欧关系优先于俄美关系。无论从地理、历史还是文明的角度看，俄欧都紧密相关，欧洲仍是影响俄罗斯国家安全、经济发展的最重要因素之一。与欧洲关系的好坏关系到俄罗斯能否以全球性大国的身份重新崛起。因此，在俄罗斯对外战略布局中，欧洲始终是独联体地区以外的最重要的优先方向。当前，俄欧双方已认识到需在经济和能源、解决乌克兰危机、稳定中东局势和打击"伊斯兰国"及反恐等方面进行合作，但双方不仅在对俄欧关系恶化原因的认知以及外交政策原则方面存在分歧，还在北约东扩、东欧国家军事与安全、乌克兰危机和中东问题以及如何开展经济和能源合作等方面存在诸多矛盾，这些分歧和矛盾既有战略性，也有战术性。但另一方面，俄欧固然存在分歧和矛盾，却总能找到利益交汇点以及合作的具体领域，如共同研究制定经济合作方面的法律制度，在双方相互依赖的航空、航天、医药和天然气等领域开展互利合作，在反恐和移民安置方面加强执法部门间的业务合作等。在俄欧关系难以迅速回暖的情况下，俄罗斯对欧政策或更为务实具体，从相关领域开展务实合作实现互利共赢开始，逐步加强协调、减少对抗，改善双方关系。

俄美关系仍难以走出"恶化—重启—缓和—恶化—再重启"的怪圈，短期内俄罗斯对美国或将在坚持对抗中寻求合作。特朗普当选总统后，俄美关系改善迎来一个"再重启"的有利时机，然而目前看，这一俄方期盼的"再重启"进程举步维艰。特朗普在竞选期间对俄友好态度表露无遗，特朗普当选美国总统后，一时间出现了俄美关系改善的热络现象，然而，2017年2月拉夫罗夫与蒂勒森首次会晤并无具体成果，4月6日，美军动用"战斧"式巡航导弹袭击了叙利亚政府军，俄国防部关闭了与五角大楼关于叙利亚军事行动问题的国防热线，两国关系出现裂痕。4月12日，美国务卿蒂勒森访俄，原本称"没有计划"会见蒂勒森的普京最终还是与其会面，但仍未取得实质性成果。另一方面，我们应该看到，俄美关系改善虽远远低于此前预期，但俄同美改善关系的愿望依然比较强烈。俄美关系的症结在于两者之间存在结构性矛盾，双方在地缘政治、欧洲安全问题、国际战略稳定等方面的矛盾难以调和。未来俄美关系的基调仍将是既抗争又合作，很难有实质性、全局性、战略性的转变，与此同时，虽不能排除美俄在打"代理人战争"时擦枪走火的可能性，但两国关系走向完全敌对或快速再入"蜜月期"都是小概率事件。正如俄总统新闻秘书佩斯科夫指出的，俄美关系不会再恶化，因为已经"坏到了不能再坏的程度"[①]。俄罗斯对短期内明显改善俄美关系的预期将会降低，或将首先聚焦于减少对抗风险、减轻相互敌意和实现双边关系正常化方面，在协调叙利亚反恐行动等一些具体问题上寻求与美国开展务实合作。

（三）虚实并举，顺势推高亚太外交

俄罗斯外交的"双头鹰战略"强调以西方为主、兼顾东方。虽然俄

[①] 李自国：《特朗普时期俄美关系前瞻》，载《中国社会科学报》2017年2月9日。

罗斯亚太外交的优先地位不及对西方外交，但始终是俄罗斯不容忽视的重要方向。随着地缘政治和世界经济的重心持续向亚太地区转移，俄罗斯对亚太地区战略重要性的认识不断加深。[①]2013 年年底乌克兰危机爆发后，俄罗斯与西方关系跌至冷战结束以来的最低点，为突破外交孤立、弥补西方经济支持带来的损失、巩固自身欧亚大国的地位，俄罗斯明显加快"东进战略"步伐，高调提升亚太地区在其整体对外战略布局中的地位。近年来，中俄不断深化的战略协作伙伴关系是俄罗斯亚太外交的一大亮点。除此之外，俄罗斯还不断加强东北亚、东南亚和南亚外交，重启俄日关系，全面深化俄越（越南）关系，加强同东盟国家合作以及巩固俄印关系。但受历史、地理、政治、经济等因素制约，迄今为止，俄加快"东进战略"步伐短期内只在政治方面取得一定成效，在经济方面却没能达到俄方的预期。虽然如此，俄罗斯"转向东方"的历史进程不会中断。2016 年 6 月，普京在圣彼得堡国际经济论坛首次提出建立"大欧亚伙伴关系"倡议，其后普京在国情咨文和多次媒体采访中均提及该计划。"大欧亚伙伴关系"是俄罗斯在加快"东进战略"步伐后提出的又一项一体化倡议，此倡议目前虽无实质内涵和系统规划，但其重点仍是亚太外交。俄加速"转向东方"不仅仅是着眼当下打破西方的外交孤立，也是放眼长远积极融入亚太地区。根据最新版《俄联邦对外战略构想》，俄罗斯希望能够尽快"融入亚太地区经济一体化进程"，广泛参与亚太地区安全机制构建和多边合作机制，保持与亚太地区国家的全方位多支点合作。未来，俄罗斯"转向东方"的历史进程不会逆转而会加强。在俄西关系短期内难以实质性改善的情况下，俄亚太外交或将风生水起，

[①] 华东师范大学俄罗斯研究中心、俄罗斯国防与外交政策委员会：《21 世纪的中国与俄罗斯：地区挑战与机遇——"瓦尔代"国际辩论俱乐部俄中分组讨论提纲》，载《俄罗斯研究》2012 年第 1 期。

成为其对外政策调整的一个亮点。

（四）更加重视中东对大国外交的杠杆作用

虽然在历版《俄联邦对外政策构想》中，中东地区在地区优先方向的排序中并不靠前，但却是俄罗斯一贯重视且在其对外战略布局中至关重要的地区。冷战时期，中东是美苏激烈争夺的主要战场，数次中东战争背后或明或暗地闪烁着美苏对抗的刀光剑影。冷战结束后，俄罗斯于20世纪90年代后半期重返中东，但此时其在中东地位却十分尴尬：俄罗斯外交重心不在中东却是中东事务的主要参与者，在处理中东事务时积极活跃却无法主导地区主题。在之后十余年间，俄罗斯的中东外交总体缺乏明确而稳定的战略规划，俄勉强在中东站住了阵脚，保持了一定的影响力并树立了"独立大国"的形象。2015年9月，俄罗斯在内外交困的形势下，强势出兵介入叙利亚危机，经过近半年的军事行动，既沉重打击了恐怖主义，又扭转了叙利亚政府的颓势，还在一定程度上突破了西方对俄罗斯的外交孤立，俄罗斯一举成为掌控叙利亚局势、把握中东事态发展方向的主导者，提升了自身国际形象，巩固了国际地位。不仅如此，俄罗斯还与伊朗全面加强合作，与土耳其修复关系并重启经贸与能源合作，俄强势"重返中东"对地区和国际形势都产生了深刻影响，在中东的主动出击为俄罗斯外交加分不少。未来，俄罗斯虽很难在中东政治舞台上长期占据中心位置，但叙利亚仍将是俄罗斯对外战略的重要舞台，中东在俄罗斯总体外交布局中也是仅次于独联体、欧洲、美国和亚太的重要地区，且中东已成为大国博弈的角斗场，在中东事务问题上的抗争与妥协，可成为大国外交的重要杠杆，是俄罗斯在国际事务中显示自身国际地位和独特作用的重要平台。

（五）与西方在军备控制领域关系或更趋紧张

近期美俄关系改善势头受挫，特朗普和普京相继就两国加强核武建设表态强硬，特朗普声称要进行"美国史上最大规模的扩军计划"，美俄当前在军费开支、核武器、反导系统和网络战等方面的角力甚为激烈。军费开支方面，2017 年 2 月 27 日美出台 2018 财年预算计划，特朗普计划增加 540 亿美元的军费开支，增幅接近 10%，2018 年美军费开支将高达 6030 亿美元。特朗普声称要一切以"美国优先"为原则，承诺展开"美国历史上规模最大的扩军行动"。俄罗斯经济形势虽然不佳，但依然优先保障军事建设，截至 2016 年年底，国防工业生产指标增长了 10% 以上。梅德韦杰夫年初曾称"俄罗斯政府不打算在未来几年削减用于国防建设和国防工业发展的财政预算"，并正在加紧制定《2018—2025 年国防工业综合体升级方案》[①]。在核武器方面，2 月 23 日特朗普在接受路透社采访时称该条约是"单边的"，是美"达成的另一项坏交易"，美国"必须加强核武库建设"[②]。俄国家杜马国际事务委员会主席斯卢茨基说，如果美国寻求在核领域的优势，军备竞赛将不可避免，世界将"重回冷战"。也有分析指出，目前美俄两国的核武器都急需更新换代，美国计划在未来 10 年用 4000 亿美元改进核武库，而俄则计划到 2020 年将核力量的现代化比例提升至 70% 以上。在反导防御系统方面，近年来美国在加紧打造全球反导包围圈，不仅在俄家门口的波兰和罗马尼亚部署了陆基宙斯盾系统，还正在韩国加紧部署萨德系统。同时，美国还在大力促进全球反导系统一体化，加紧研发各种反导新武器装备，俄罗斯则极力

[①] Медведев: Правительство разрабатывает новую программу развития ОПК на 2018—2025 годы. http: //dfnc.ru /c106—technika /medvedev—pravitelstvo—razrabatyvaet—novuyu—programmu—razvitiya —opk—na—2018—2025—gody /.

[②] Trump Wants to Make Sure U. S. Nuclear Arsenal at 'Top of The Pack'. http: // www.reuters.com / article / us—usa —trump —exclusive —idUSKBN1622IF.

打破美国和北约的反导包围，2016年俄罗斯在与北约成员国波兰、立陶宛接壤的加里宁格勒地区部署"伊斯坎德尔"中程导弹，使第四代反导武器 S-400M 正式定型并将部署在各个战区和北极地区，加速了 S-500 等战略中段反导武器的试验，预计 S-500 将在 2018 年正式定型。最后，网络空间成为美俄斗争的新阵地。美俄围绕乌克兰危机的舆论宣传战、美国指责俄罗斯干扰 2016 年美国总统大选的"黑客门"事件等加剧了美俄在网络空间的竞争。其实美国早在 2009 年就正式建立了世界上首个"网络战司令部"，现已拥有全球最强大的网络攻击武器库，仅病毒武器就达 2000 多种。美军参谋长联席会议副主席詹姆斯·卡特赖特指出，未来几年美军在加强网络安全方面应将重点由全方位防御转向战略威慑，不再局限于打造更坚固的"防火墙"，而是要主动侦查攻击对手，实施防范和报复行动。而俄罗斯则在网络安全职能机构建设、修改完善网络安全法律制度、招募年轻网络奇才、开发秘密网战技术等方面不断增强实力。2017 年 2 月俄防长绍伊古宣布，俄军已成立信息战部队，这是俄官方首次承认此类部队，部队规模约为 1000 人，每年经费约为 3 亿美元，有媒体猜测俄罗斯其实在 2014 年便已成立信息战部队。美俄之间的军备竞赛始终没有真正停息过，特朗普是一位崇尚"实力"的总统，而俄罗斯素有"尚武"传统，未来美俄军备竞赛的规模、激烈程度等都有可能加剧，俄罗斯与以美国为首的北约以及西方国家在军备控制领域的关系或将恶化。

总之，特朗普上台百日后，俄罗斯在积极地调整外交策略，力图有更多的作为。俄美关系是影响俄罗斯对外政策走向的重中之重，由于特朗普对外政策仍然没有清晰和系统的表述，俄美关系并没有实质性的发展，这与特朗普竞选期间的言论有较大的差异。我们应该注意到，特朗普任命了多名"亲俄派"政府官员，在竞选期及上台初期改善美俄关系的意图是明确的，但是在美国国内既得利益集团和"反俄派"强力打压下，为了自身政权的建立不得不"改弦易辙"，或为权宜之计。一旦特朗普稳固了执政基础，很可能"老调重弹"，也不能排除出现俄美关系非常规"媾和"的可能。俄罗斯采取的是静观其变、较为克制的态度，并没有在美国战斧导弹轰炸叙利亚的情况下采取针锋相对的行动，也没有在美国提出俄罗斯应该归还克里米亚的言论下采取过激的反制，俄美之间或有一种心照不宣的"默契"，都为对方留有一定的时间和空间，来应对各自国内"反美""反俄"势力的压力。特别是俄罗斯，在这个特殊的阶段甚至不惜牺牲自己的部分利益，注意"配合"特朗普稳住阵脚，或有其进一步的计划。

命运多舛的俄罗斯航母计划还会重振雄风吗[①]

俄罗斯是地大物博的国家，国土面积多达1709多万平方公里，横跨欧亚大陆、幅员辽阔，拥有丰富的自然资源和大战略纵深，拥有无与伦比的先天性优势；但俄与多个国家相邻，喜忧参半，由此带来了一些挥之不去的困扰，来自多个方向上的安全威胁和挑衅时有发生，如何保卫国家安全并试图"拓展战略空间"已经成了俄罗斯人的共识。唯有大力提升军事能力，才能满足利益日益拓展之需。美国《国家利益》双月刊网站2017年1月14日刊登《俄罗斯推进建造新航母计划》一文，指出经过几十年的努力恢复，自苏联解体后就陷入沉寂的俄罗斯造船工业有望恢复一项关键能力；莫斯科最快将于2019年获得在国家建造航空母舰以及两栖攻击舰的能力。俄此举将"矛头"直接指向某西方大国，也许俄认为，"进攻是最好的防御"，以此抵消来自西部的军事压力。从另一个角度看，美国密切关注俄军事领域的各种动向不无道理，担心在某些领域被俄军超越，但俄军不断寻找突破口，试图多方强化实力，颇有全面反击的态势。

俄航母计划"搁浅"背后的"难言之隐"

航母是高技术武器组成的集合体，不是简单的拼凑。建造航母可以说是大国的"游戏"，小国即使买得起航母，也难以支撑庞大的使用和维

[①] 本文载《国防教育》2017年第6期。

护费用。2016 年，英国服役了 30 多年的"卓越"号航母正式退出现役；事实上，发挥不了作战能力的航母只能说是形同虚设，给对手也形不成应有的威慑作用。

俄罗斯制造航母的计划一直在努力之中，何时成型引起众多关注。有必要回顾俄建造航母的历程，从中或许能看出一些端倪。2000 年 12 月，俄罗斯总统普京在一次海军高级将官秘密会议上将建造新型航母的设想正式提上议事日程。次年 7 月，由普京签署的俄海军新战略构想再次提出在 2005 年前开工建造俄海军的新航空母舰；普京再次提出要求，从 2006 年俄海军着手研讨、认证新航母的研制计划。另据普京批准签发的《俄联邦海军未来 10 年发展规划》指出，俄海军到 2025 年左右将拥有 300—320 艘现代化作战舰艇，其中包括 6 艘航空母舰、95 艘潜艇和近 100 艘大型水面舰艇。可见，俄罗斯官方是多么重视该项计划，俄军一旦如期拥有这么多的舰艇并四处游弋，足以令美军吓出一身冷汗。

俄建造航母的消息早在十多年前就已传出，此后不时有相关报道，俄新航母计划制造经历了"搁置—重提—实施"的过程，这其中的波折、辛酸和无奈只有俄罗斯人自己最清楚。任何一个国家不可瞬间制造出航母，航母制造必须解决几道"关"，如：经费、一系列关键技术问题和建造基地等。俄军既然要制造新航母，就要建造最先进的、引领潮流的航母，绝不是为了凑数和简单应付，更不是用其来当摆设或作为"纸老虎"吓唬人。

这一足以令世界为之一震的俄航母计划频频落空，不是俄放弃或者不重视航母建造，也不能表明俄罗斯不努力；只能说明一点，在苏联解体后，俄罗斯整个经济受到重创、恢复乏力，西方国家持续制裁，人才流失、制造船厂原来位于乌克兰，后来又与乌克兰关系一度紧张，依靠别国基地建造航母受政治、经济和外交等不可控的因素影响太大了；但俄罗斯人没有放弃自行建造的追求，雄心壮志尤在，有朝一日定会建造出属于自己的航母。我国有句古话，"万事开头难"，迈出了第一步，后面可以"摸着石头过河"，但俄不打无准备之仗，或许正在有条不紊地推进该项计划。

俄建造新航母路上艰难险阻远超想象

苏联的解体对于俄罗斯及其他一些加盟共和国来说，无疑是一个重大打击，总体优势已经不复存在，有的国家独立之后日趋衰弱和凋敝，而有的则在艰难中崛起。俄罗斯只有不断提高硬实力，方能有效应对西方国家威慑。俄目前仅有的一艘"库兹涅佐夫海军元帅"号航母在服役，其问题频发，已有多架米格-29、苏-33舰载机出事，大失颜面。该航母相对老旧，早已不堪重负，难以满足俄罗斯日常和战备需要，难以履行使命，亟须新型航母替代。

俄建造航母的首要难题是无建造厂，只能另想他法。"没有枪没有炮，敌人给我们造"，这不适用于俄罗斯。乌克兰独立后，苏联唯一航母建造厂——黑海造船厂归乌所有，俄罗斯失去了这些造船设施，因此俄罗斯不得不在其境内重建航母的工业基地。独立后的俄罗斯面临着，一没有造船厂，二没有工程技术人员，俄只能放弃了"戈尔什科夫"航母的改造任务，2004年初将其出售给印度海军。

制造经验"空白"，难以找到借鉴，只能探索前行。目前，俄罗斯在制造航母的经费问题不是太大，但白手起家，可不是那么容易。对于如此庞大的工程，制造一艘功能完备的航母至少用上几年时间无法定论，因为各国的差异明显，周期长短不一，条件具备周期则短，如在一些关键技术上出现问题，完全可能一拖再拖，甚至遥遥无期，这就是现实，而且是残酷的现实，只能依靠自身实力解决，没有捷径可走。

航母战斗群形成战斗力有许多不为人知的奥秘。外媒对俄建造航母不时有猜测性报道，相比之下，俄建造航母似乎没有发动军事行动那么雷厉风行。从有关资料看出，俄罗斯建造航母所幸的事，有着先进的重工业，舰载机有米格-29、苏-33及直升机等，可以在现有基础上改型升级，但其作战效能难以有质的飞跃。另外，舰载机飞行员大幅减少，年轻的海军飞行员在航母上的训练具有较大风险，因此都在乌克兰萨基机场（苏联海军航空兵模拟训练基地）进行训练。可见，这其中的问题错综复杂，需要俄军逐个解决，方能建造出管用的航母。

俄将成为又一个航母大国不无可能

人类正处于海洋时代，也正是航母可以大有作为的时代，也就不难理解大国为何高度重视航母的原因了。全球有十多个国家共拥有数十艘航母，但总体上看，数量、吨位和性能参差不齐，根本无法相提并论。美国拥有11艘现役航母，占据了半壁江山，为其实施海外军事行动提供了有力的支撑，一旦全球局地出现危机，美国人的第一反应是"我们的航母在哪里？"航母在常规作战行动中的作用非同小可，航母战斗群在常规作战中无法替代，也不是可有可无的武器体系。

这个世界依然有一些国家企图通过你争我抢的手段和方法巧取豪夺，对此，俄罗斯是绝不会忍气吞声和自甘堕落，一旦被时代抛在后面，短期内再无强大的可能。眼前海洋争夺愈加激烈，海上资源和领土争夺的使命自然而然交给了海上力量，海上力量最为标志性的装备当数航母，这个海上移动平台可以说集海空优势于一体，既可以对海对空实施进攻，还可以遂行远海作战任务，美海军就是一个很好的例子。从这里我们不难看出，为何美军不遗余力地发展中大型航母，也可以看出俄军制造航母的原因所在。

客观上讲，俄来自欧洲、北极等方向上的威胁不减反增，这可以视为俄极力制造航母的直接和迫切原因。俄建造航母没有盲目"上马"，计划一推再推，让外界似乎有点望穿秋水之感觉，事实上，俄罗斯统筹兼顾了现实与可能。正在积蓄"能量"、蓄势待发,有句俗语说得好,"有条件要上,没有条件创造条件也要上。"俄罗斯有着相对雄厚的工业积淀,这些年一直在保持和稳步提升,而且军民在制造业上一定程度上具有相通性,完全可以达成"他山之石,可以攻玉"之效果。俄会举全国之力、快马加鞭,以最快的速度、将最前沿的科技成果、最合理的资源调配到航母建造之中去。按照先前制定的航母23000E"风暴"号计划,这艘航母仍处于计划的初级阶段,一旦完成,新航母将能够携带约100架飞机,比美国当前的尼米兹级航母多10%,后者能携带90架飞机。俄罗斯正在为新航母的建造进行准备工作。莫斯科已经开始研发先进的电磁弹射系统,该舰将花费56亿美元,但实际很可能要花费两倍甚至更多的资金。俄总统梅德韦杰夫在2010年初的一次讲话中说:"在未来十年,以每年9%到11%的速度改进武器和装备,目标是到2020年实现70%的军事装备现代化。"这项重整军备的计划将耗资约6000亿美元。

尽管许多西方分析人士当时认为这项宣布只是在讲大话,但自那之后俄罗斯一直在以令人惊讶的速度推出新的武器系统。俄罗斯目前正在进行自苏联20多年前解体以来规模最大的军备建设,对此,西方国家正在密切关注。

俄罗斯的国家战略体系和能力评析

摘要：国家战略体系及能力已成为综合国力竞争的一个重要方面，一国的国家战略体系往往具有层次性、系统性。20世纪90年代俄罗斯独立之后，其国家战略体系不断调整和完善，具有体系完备、结构完整、灵活变化、外向性强等特点，但也存在顶层设计不足、长远谋划不强等缺陷。

关键词：俄罗斯；国家战略体系；能力

当前形势下，加深对国家战略体系和能力的研究具有重要理论和现实意义。俄罗斯既是国际舞台的重要角色，又是我国的战略协作伙伴，认识和把握俄罗斯的国家战略体系及其能力很有必要。

一、国家战略体系的内涵

当今世界国与国之间的竞争不仅包含经济规模和经济发展能力的竞争，也包含国家战略能力的综合比拼。如何优化国家战略体系、提升国家战略能力，从而实现国家战略目标已成为国家战略运筹的关键。从概念上分析，国家战略是旨在"维护和增进国家利益"、实现国家目标而制定的"战略方针"和"规划策略"[1]，就其内容而言，国家战略涉及一国的政治、经济、社会、文化、军事、民族等诸多领域，就其空间范围而言，国家战略既包括国内战略，也包括国际战略，国际战略又可细分为地区战略和全球战略等。而国家战略体系是为了实现和维护国家利益而形成

---

[1] 薄贵利：《论国家战略的科学内涵》，载《中国行政管理》，2015（7）。

的有机战略系统。从理论上来说，国家战略体系应通过顶层设计分成多个层次，其中国家总体战略居于金字塔的最顶端，国家总体战略涵盖范围最广、涉及领域最多，是层次最高的战略，其下一般分为国家发展战略和国家安全战略，其中国家发展战略可分为政治、经济、文化、社会、生态等各领域的战略或区域发展战略，而国家安全战略则可分为各领域的安全战略以及军事战略等。国家战略能力是指运用国家战略资源实现国家战略目标的能力[①]，具体体现为国家的经济能力、军事能力、科技能力、组织动员能力、制度变革能力、战略谋划能力以及民族凝聚力等。国家战略体系和能力是一个有机整体，是国家战略意愿与战略能力的统一（见图1）。

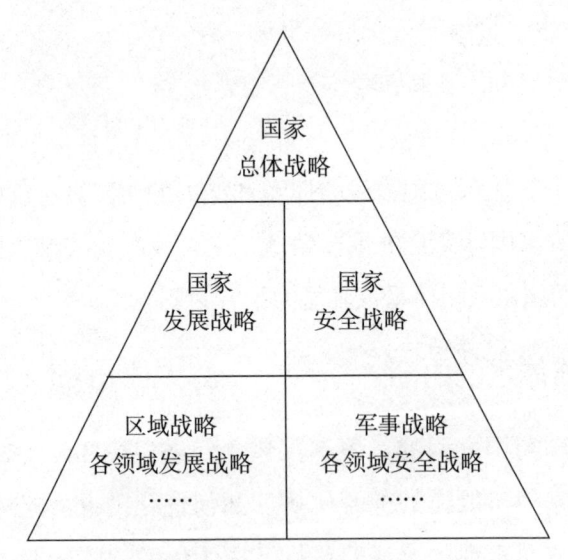

图1 国家战略体系金字塔示意图

二、俄罗斯国家战略体系的基本架构

作为最高层级的国家总体战略尚不甚明确，没有一个专门的官方文件来阐述俄罗斯的国家总体战略。除此之外，俄罗斯的国家战略体系大致

---

① 于川信、刘志伟：《构建一体化的国家战略体系和能力》，载《中国国防报》2017年11月9日第4版。

可分为两类：一类是统一规范的系统性、强有力的纲领性文件。就俄罗斯而言，其国家发展战略尚缺乏此类纲领性文件，只有像《俄联邦长期社会经济发展构想》《俄联邦短期社会经济发展计划》此类相对具有综合性、系统性的战略规划；而俄罗斯关于国家安全战略则有明确的纲领性文件，2015年12月31日俄罗斯总统普京签署《俄罗斯联邦国家安全战略》（以下简称"新版安全战略"），对俄罗斯内政外交政策方针做出六年一次的重大调整，新版国家安全战略是2009年出台的《2020年前俄罗斯联邦国家安全战略》的升级版，是俄战略筹划基础性文件。文件明确了俄国家利益、国家战略优先方向、内外政策领域的目标、任务及措施。1997年俄出台第一份《俄罗斯联邦国家安全构想》，2000年进行了简单修订，2009年将"国家安全构想"升级为"国家安全战略"。另一类是具体领域、具体区域的战略规划。其中，国家发展战略领域的具体文件包括单独经济部门发展战略、《2035年前的俄罗斯能源战略（基本规定）》《2020年前俄联邦北极地区社会经济发展纲要》《2017—2030年俄联邦信息社会发展战略》《2030年前俄联邦海洋活动发展战略》《俄联邦生态学说》《2025年前俄罗斯联邦人口政策构想》以及各联邦区发展战略、俄联邦主体社会经济发展战略与综合性计划等。国家安全领域的具体战略规划包括2016年12月1日发布的新版《俄联邦对外政策构想》、2014年12月26日发布的新版《俄联邦军事学说》、2017年5月15日发布的《2030年前俄联邦经济安全战略》、2014年出台的《2020年前俄联邦北极发展及国家安全保障战略》、2014年1月公布的《俄罗斯联邦网络安全战略构想》等。由此可见，《国家安全战略》是俄罗斯国家安全领域总领俄内政外交全局的最重要战略文件，是各领域分战略或构想的指导性文件，而分战略则是对《国家安全战略》在具体领域的细化与补充。

三、俄罗斯战略体系的主要特点

（一）全面翔实具体，结构完整

俄罗斯国家战略规划延续了苏联时期的传统，在长期的实践中已经形成了一套机制相对完善、涵盖范围广泛的国家战略体系。例如，在国家安全战略规划方面，俄罗斯既有整体国家安全战略，又制定了涵盖内外政策各方面的分战略，结构完整，且每个战略内容都较为全面，阐释了各方向维护国家利益的原则与重点。

（二）既保持主要原则又不断更新反映时代变化

俄罗斯战略规划的更新频率较高，能够较好因应时代和形势变化，但相关战略的主要原则基本保持一致。例如，俄罗斯《国家安全战略》2000年首次出台，2009年推出新版；《对外政策构想》2000年首次出台，2008、2013年两次更新；俄罗斯能源战略的制定起自1992年，俄联邦政府批复了《新的经济条件下的能源政策构想基本原则》，1995年叶利钦总统签发《2010年前俄罗斯联邦能源政策基本方向》的文件，1998年俄罗斯安全会议批准《俄罗斯能源安全学说》，2003年，俄出台《2020年前的俄罗斯能源战略》，2009年又推出《2030年前的俄罗斯能源战略》，在该文件中明确规定，能源战略需根据国内外形势的变化每5年更新一次。2014年年初，《2035年前的俄罗斯能源战略草案》问世。尽管这些文件更替频繁，主要根据具体形势的变化对原战略进行修订。俄罗斯外交部长拉夫罗夫评价俄新版《对外政策构想》时曾表示，"这不是一份全新的《构想》，而是新版《构想》"。

（三）依靠智库"打前站"

俄罗斯在制定战略规划时善于发挥智库的作用。俄罗斯智库的研究能力有其所长，能为战略的制定提供充分的智力支持，俄罗斯的一些智库研究基础扎实，思维活跃，视野宽广，具有战略眼光，在战略制定的过程中发挥重要作用。例如，在普京2012年5月责成俄罗斯外交部制定新版《对外政策构想》至次年2月《构想》正式颁布的数月时间中，俄半官方智库俄罗斯国际事务委员会组织俄国内知名专家先后撰写了《俄对外政策纲要（2012-2018）》《俄美关系：创建新型相互依赖模式》《现代俄日关系与发展前景》《俄欧：天然伙伴关系》《俄印：经受住时间考验的关系》等大型综合性报告，这些报告起到了三大作用：一是为《构想》编写工作提供智力支持与建议；二是有力带动了俄罗斯学术界对《构想》内容的讨论，促进学界参与到制定过程中来；三是逐步对外界释放《构想》的基本思想内涵，易于国内民众和国际社会接受。

四、俄罗斯国家战略体系评析

苏联解体后，俄罗斯成为这个昔日超级大国的主要继承者，但独立之初，俄罗斯的国家战略非常笼统模糊，经历了20多年的发展，俄罗斯的国家战略才逐渐清晰具体。总体来看，俄罗斯已形成了相对完备的国家战略体系，相较而言，俄罗斯国家战略的突出特点是外向性、灵活性较高，这与苏联曾经的国际地位和影响力有很大关系。另外，俄罗斯国家战略的耦合程度较高，国家发展战略与国家安全战略紧密结合，在一定程度上能够实现集成效益。

但另一方面，俄罗斯的国家战略体系也存在一些不足。首先，俄罗斯国家战略体系的顶层设计美中不足，主要体现是灵活反应有余、长远谋划不足。随着国内外环境的变化，俄罗斯在某些领域的国家战略调整比较频繁，显得顶层设计不足，长远谋划性欠缺。其次，俄罗斯的国家发展战略体系相对较弱。俄罗斯的国家安全战略体系内容充实，系统性较强，但国家发展战略显得分散，有的甚至笼统、模糊。再次，俄罗斯战略体系能力有待提升,主要体现在其国家战略常有落实不到位的情况,如,2010版《俄联邦军事学说》对俄军、俄军工产业的建设与改革提出了许多新要求,但由于资金和技术等限制,落实情况不理想,有关北极、能源等方面战略文件也常有此情况。

我所认识的中俄民族性格

2016年5月31日，俄罗斯国际事务委员会和俄中友好、和平与发展委员会联合举办的"俄罗斯和中国：迈向更高质量的双边关系"国际会议在莫斯科召开，戴秉国致开幕词。笔者有幸受邀参加并作了题为"我所认识的中俄民族特性"的俄文演讲，以下为演讲稿的中文。

尊敬的各位领导，各位来宾，各位学者，各位老师，各位同事，女士们，先生们：

今天我发言的题目是"我所认识的中俄民族性格"。

16年前，我来莫斯科大学学习，第一次来到莫斯科就遇到了让我当时不是很理解的事情，由于下雨，是一个热情和陌生的俄罗斯人帮我把行李从马路边抬上了莫斯科大学主楼，得到意外的帮助是幸运的。我发现在俄罗斯这种事情是比较普遍的，民族性格是影响一个民族发展的极其重要的因素，中俄两个民族都拥有着广袤的土地、悠久的历史、灿烂的文化，也拥有着各自的民族性格。中俄两个民族的性格可谓是内容丰富，各具特点。

一、中国民族性格中的三个主要特点

1. 中庸

"中庸"是中国的民族性格中最大的一个特点。"中庸"——简单的两个字，但含义却非常广博深远，中国人更注重理性，中庸是儒家的一种主张，待人接物采取不偏不倚、调和折中的态度。中庸也就是"用中""执中"的意思。这里的"用中"说的是人的处世态度，要不偏不倚，不要过于激进也不要过于保守，要把握好一个度，不要过度，否则就会过犹不及。"中庸"这一思想在中国可谓是源远流长，中国古代文化中有"三才"的说法，"三才"即天、地、人，古人认为轻者上浮为天，浊者下沉为地，而介乎清浊之间为人，居于天地之间。这种上古时代的宇宙观和起源思想，就为中庸思想的形成埋下了伏笔，之后形成了中国儒家最具代表的思想——中庸之道。孔子把"中庸"看成是一个最高的道德标准，也是他解决一切问题的最高智慧。

2. 包容

"包容"可谓是中华民族的一大特征，历史上多少强大的外来民族或移民，都无声无息地融入了中华大家庭当中，其中包括13世纪纵横世界的蒙古雄鹰，也包括以民族凝聚力著称两千多年后重新建国立邦的犹太人。由此可见中华民族的包容性。"海纳百川，有容乃大"，正是这海一样的胸怀，铸就了中华民族博大的包容性。如果你问一个外国人，最能代表中国文化内涵的图案是什么，那他一定会告诉你是"太极"，而太极所阐释的正是阴阳相合、相互包容、和谐共进的含义。同样，在中国人的处世态度中，包容也是重要的因素，《周易》中曾有"地势坤，君子以厚德载物"的名句。包容豁达一直是中国几千年来对有德行的人的评判标准，也是几千年来君子的信条，而今"厚德载物"更是成了中国清华大学的校训。

3. 变通

"变通"在中国也是由来已久。中国古典文化当中的《周易》被誉为是"百经之首"，与西方的《圣经》、印度的《吠陀经》合称世界三大经典。《周易》又简称《易》，"易"者易也，也就是变易、变化的意思。事物发展到一定的阶段，就会与原本的环境不协调，产生矛盾，这就需要相应的变化来适应环境，同时事物本身也需要吐故纳新，以便更快更好发展，而《周易》中记述的就是事物的发展趋势和变化规律。《周易》说起来可能离我们很遥远，但实际上作为中华古典文化的精华，它的"变通"思想早已融入了国人的血液中。

二、俄罗斯民族性格中的三个主要特点

1. 爱走极端

俄罗斯文化中俄罗斯人感情流露得很直率是一大特色。阿·托尔斯泰的一首短诗惟妙惟肖地刻画了俄罗斯人的这种性格特征：爱则昏天黑地，胁则声色俱厉，骂则狗血喷头，斥则怒目圆睁，争则面红耳赤，罚则心狠手辣，恕则真心诚意，吃则酒菜满席。从这我们可以体会到俄罗斯人在生活中的直率。他们可能不事先筹划，他们没有预先制订行动计划来达到既定目标的习惯，这在俄罗斯人的思维方式上有明显反映。在他们的意识里占上风的不是理性主义，而是直觉主义。因此在他们的思想里，感情往往超过理智，这就形成了性格中爱走极端的表现。

2. 爱憎分明

俄罗斯民族性格中常常出现徘徊不前、左右兼顾的不稳定性，然而他们也会愤怒地抗拒一切规定。俄罗斯人习惯走极端主义道路，义无反顾地追求绝对的目标，而不重视具体的利益。俄罗斯的民族性格中，两极之间的变化非常明显。曾长期居住在苏联的美国记者赫德里克·史密斯在《俄国人》一书中这样描述了他对俄罗斯人的认识："俄罗斯人在公开场合常常表现得粗鲁、冷漠、缺乏人情味。但在信任的圈子里，他们都是最热情、最快

活、最易动感情、最好客的。"

3. 艺术品质

俄罗斯的民族性格具有艺术品质的特点。俄罗斯人在生活和处世上重感性而轻理性的同时又非常热爱文化艺术，无论男女老幼，很多人能歌善舞。俄罗斯人还表现在他们比其他国家或民族的人更相信奇迹和巧合，并期待着奇迹、巧合的发生。具有艺术品质的特点把俄罗斯人引向神秘主义，俄罗斯人说话办事一定程度上受情绪左右而不重视利害得失；这种艺术品质伴随着多愁善感，表现为善良、富有同情心、酷爱一切美的事物，而这些特点又成了产生文学艺术天才的温床，使得俄罗斯的文学和艺术更加璀璨夺目，这也是其在文化艺术领域产生众多世界级大师的原因之一。

三、中俄都有坚韧不拔的民族性格与两国民族性格的契合

中俄在历史上都有多次被外国侵略的历史，无数次的天灾人祸让中俄人民团结一致。抗击侵略和克服困难是形成坚韧不拔性格的原因之一。有一次在寒冷的冬天，我目睹了我的导师——莫斯科大学罗玛尼珂教授在莫斯科大学主楼的户外用刚下的雪沐浴；在中国东部有些地区，也有冬天不用暖气的习惯，所以说中俄都有坚韧不拔的民族性格。整体上讲中俄两个民族的性格虽然存在着较大的差异，但这两种不同性格正在完美地契合着。中俄两国未来的关系将会更加融洽，合作前景将更加光明。俄罗斯的民族性格虽然存在极端性、比较情绪化，但他依然需要强力的支持者，而中国无疑是他最好的选择。两国有着共同的利益，漫长的公共边境线，除此之外中国的民族特性也是两国良好合作的重要条件。中华民族包容豁达，以诚待邻邦，以诚面向世界，在内

部实力上，中国变通、改革使国家综合国力与日俱增，社会蒸蒸日上，这些都为中俄国家、民族、民众的交流合作奠定了坚实的基础。正是中俄两国的民族性格的契合，推动了两国无限广阔的发展前景，也促进了两国人民交流与合作。两国有着广泛的合作基础和前景，其中十分重要的一点就是中俄两国民族性格的互补和契合。两种性格的完美契合，将促进中俄之间关系、合作更快更好地发展，从而构建出更加完美的中俄关系。

谢谢大家！

2018大选后，俄罗斯走向何方

2018年大选后俄罗斯将迎来一个新的时期，在美国采取"相对收缩"的政策下，在中俄关系不断夯实且处在历史最好水平的背景下，在俄罗斯与西方的关系处在自"冷战"结束以来的"冰点"而面临"触底反弹"的局面下，在俄罗斯的诸多"潜力"面临进一步整合、挖掘的形势下，俄罗斯在政治、军事、外交、经济等方面将面临进一步的调整和发展。

政治上仍将保持相对稳定。不会发生根本政治体制方面的变革，大的社会动荡也不会发生，在这样一个前提下，以克服社会弊端为目的的改革路线的选择是重要的一环。俄罗斯已为过去"激进式"的改革方式付出了巨大的社会成本，未来将选择相对理性的"循序渐进"的方式。提高政府的效率也是重要的一环，这可能需要通过执政团队的改组和大规模的"换血"来实现，一批"新生代"代表会崭露头角，而未来接班人的培养和选拔也会提上日程并逐渐清晰。

军事上会进一步加强世界军事大国的地位，继续保持与美国抗衡的态势。打造军事强国一直是俄罗斯强国梦的重要支柱，也是其战略引力的核心支撑之一。未来俄罗斯仍然会加大军事方面的投入，在避免"军备竞赛"的前提下，重点发展战略核武器及其他领先的军事技术和设施，以实现对美国的军事制衡。具有"尚武"思想的俄罗斯在未来军事方面还将得到进一步的发展，重开海外军事基地在不远的将来或成为现实。

外交上或将表现出更大的进取心，主动性加强。俄罗斯外交有成熟、老到、出奇制胜又时常获利的特点，在过去的一年取得了不少成绩，保住了盟友阿萨德政权及其在叙利亚的战略利益就是一例。外交战略将继续"向东"倾斜，以缓解因乌克兰危机造成的与西方关系恶化的外交困局。中俄关系是大国关系的典范，处在历史最好水平，是世界稳定的重要"压舱石"。2017年，双方在多个领域继续取得了新的重要进展，政治互信进一步得到加强。未来中俄关系还会沿着积极发展的轨道运行，不会有大的问题。俄美关系并没有因为特朗普的上台而实现质的改善，这与俄美关系存在难以调和的结构性矛盾有关，很难走出"重启—改善—恶化—再重启"的怪圈。由于美国采取了相对收缩的政策，俄罗斯的外交空间将得到一定程度的扩展，在中东、朝鲜半岛、东南亚都可以看到俄罗斯积极进取的行动，但是其经济发展状况不佳又制约了俄罗斯在外交空间的发挥。

经济或实现恢复性增长，但经济结构不合理的问题或将长期制约其发展。根据俄罗斯中央银行的消息，俄罗斯2017年经济增长率是1.5%，已经走出衰退。这是在国际油价处在较低位置和西方持续加码的制裁下取得的，实属不易，但是这与《俄罗斯2020年前经济与社会长期发展战略》中提出的规划相去甚远，2020年前进入世界经济五强、人均GDP达到3.5万美元、高科技产业GDP占比达到50%以上的目标已经无法实现。经济结构不合理而过度依赖能源出口是在苏联时期就存在的老问题，长久以来，俄罗斯虽然进行了努力，但是该问题仍然未得到根本的解决，这将是新一届政府面临的重要难题之一，增加了俄罗斯实现强国梦的不确定性。目前，俄各界普遍认为，普京宣布参选意味着2018年总统选举结果已没有悬念。真正值得关注的是大选之后，俄罗斯现状将如何得以改善。若普京胜选，这届任期应该是普京的最后一个总统任期，如果在这一任期内普京能够解决这一被外界视作"唯一短板"的且长期的"顽症"，这将是他的重要政绩，也将很大程度上奠定他的历史地位。

附录：关于"梅普组合"巡回演讲那些事

笔者关于"梅普组合"的观点初发表时引起激烈讨论，很多人不理解，对此有较大的疑惑。随着时间推移，文中的很多大胆研判被证实。2012年起，笔者受邀在中共中央党校、欧美同学会、商务部、某集团军军部、北京大学、清华大学、浙江大学、南京大学、天津大学、北京林业大学、中国科学院大学等地作相关主题学术报告，获广泛好评，以下为相关报道。

我校博士后王晓伟作俄罗斯问题专题报告获广泛好评

我校政治学博士后王晓伟（合作导师：刘春教授）近期在中央党校、欧美同学会、清华大学、北京大学、北京林业大学、天津大学、浙江大学、南京大学等十几处作"'梅普组合'与俄罗斯政治走向"的专题学术报告，受到广泛好评。

王晓伟在学术报告中指出，普京2000年上台，在两个任期内扭转了大国衰落的趋势，取得了良好的政绩，俄罗斯的GDP8年增加了8倍，国际地位得到明显提升，由于俄罗斯的法律规定总统只能连任一届，普京慑于法律的权威和考虑到修宪所带来的负面影响，以推举梅德韦杰夫竞选总统、自任总理并兼任统俄党主席的形式继续发挥其政治影响。"梅普体制"虽然有反体制属性，但4年来运作良好，2012年普京重新成功当选总统，使得梅普再一次"王车易位"，所不同的是政治重心明显倾向于普京，"梅普组合"虽然理论上可以延续到2036年，但"梅普组合"的走向一定程度上取决于梅德韦杰夫和普京的配合程度及俄政治生态的变化。普京虽然提出了未来十年俄罗斯人均GDP达到3.5万美元的目标，但俄罗斯共产党、俄自民党及俄罗斯政治新面孔普罗霍洛夫等反对派发动组织了一系列的苏联解体以来最大规模的示威游行，俄罗斯中产阶级也开始消极对待普京的领导。普京感受到了前所未有的压力，在莫斯科等大城市的支持率不足50%，由于俄罗斯没有出现可以和普京势均力敌的政治人物，未来俄罗斯政局依然由"普梅"所主导，"梅普体制"的长期运行整体上有利于俄罗斯重新崛起。当前的中俄关系是大国外交的典范，处在历史最好时期，两国会在各个领域展开广泛合作以实现互惠互利，俄罗斯需要一个繁荣稳定的中国，中国也需要一个强大和成功的俄罗斯。

　　王晓伟基础扎实、治学严谨，研究视角新颖，演讲风格缜密、清晰、生动，展现了原汁原味的俄罗斯政治文化生态，所到之处均受到热烈欢迎，座无虚席。王晓伟2000年至2008年在莫斯科大学留学，取得该校硕士和博士学位。王晓伟进入我校博士后流动站以来，积极参加科研工作，勇于探索，刻苦钻研，在站期间用俄文独立撰写了《中俄社会转型的比较研究》一书，在莫斯科国际新闻出版社出版，并有多篇论文发表，2009年获中国博士后科学基金会科研课题资助，2011年11月参加莫斯科大学职称评审，获聘副教授资格，同时也是我校第一位获得世界著名大学高级职称的博士后。

"巨人的觉醒"：
王晓伟剖析俄罗斯政治方向

　　5月25日晚，由北京大学团委主办的讲座"巨人的觉醒——'梅普组合'与俄罗斯政治方向"于二教527举行。本次讲座邀请的嘉宾是莫斯科大学副教授、中央党校政治学博士后王晓伟老师,讲座中王老师与大家共同讨论了"梅普体制"的形成及发展走向,并从最近的俄罗斯大规模游行分析了俄罗斯杜马及总统选举等热门话题。出席此次活动的有北大团委研究生青年工作部部长石运佳及中央党校研究生院团委副书记胡春明。另外,包括研究生骨干研修班学员在内的师生参加了此次讲座,现场座无虚席。

图 1 活动现场座无虚席

  普京受命于危难之际,自 2000 年至 2008 年连续两届担任俄罗斯总统一职,他曾通过个人的政治能力和政治手段挽回了大国衰落的局面。在任期将满之时,他又通过指定接班人的方式将权力控制在自己手中,梅德韦杰夫从众多普京继任候选人中胜出,赢得一场平稳的总统选举,由此导致了"梅普组合"的形成。

  普京的政治理念中国家政治的最高目的必须是图强,"梅普体制"也必须以此为中心。一个国家政治体制是否运作高效的核心标准,就是要看这个国家、民族和文化是否可以持续得到发展。

  "梅普组合"虽然有反体制的特征,但理论上仍然可以控制俄罗斯最高权力 30 多年,这里有普京的历史机遇的原因,也与"梅普"与众不同的政治智慧有关，整体上有利于俄罗斯重新崛起。

王老师认为，"梅普体制"的发展走向有多种可能性：梅德韦杰夫成为真正意义上的总统，普京离开俄罗斯政坛或者甘愿从事总理工作；或者普京仍处于政治中心，梅德韦杰夫甘愿做"虚位总统"；也可能"梅普体制"长期运作平稳，理论上俄罗斯最高权力可由"梅普"掌握，持续到2036年。

除了从局势上对"梅普体制"进行分析，王老师还通过普京与梅德韦杰夫的年龄以及从政年代对"梅普组合"的前景进行了评价和预测，并通过对两人年龄上的"黄金接力"分析，对俄罗斯的政治发展进行了预测，使话题深入浅出，讲座气氛格外活跃。

在提问阶段，听众十分积极地提出了各种问题，包括俄罗斯的经济、中俄关系及未来走向等，王老师就中俄双边关系从军事、政治、经济等方面简要进行了说明，并且解答了同学们关于俄罗斯体制发展等问题。此外，王老师还部分介绍了俄罗斯的相关文化，提醒同学们看问题需要考虑整体的文化背景。

图2 王教授讲解俄罗斯总统选举

讲座结束后，不少听众留下来继续和王老师探讨相关话题，一位北大老师就俄罗斯体制及其发展对中国的影响与王老师进行了深入探讨，相信同学们在此次讲座中收获颇丰。

图3　讲座后的热烈讨论交流

王晓伟做客文新论坛解读俄罗斯政治方向

图为王晓伟作报告

3月31日晚，清华大学文新论坛之"清华学派"第53讲在清华大学旧经管报告厅开讲。莫斯科大学副教授、中央党校政治学博士后王晓伟老师以"巨人的觉醒——'梅普组合'与俄罗斯政治方向"为题，为同学们解读了"梅普组合"下俄罗斯的政治体制与未来走向。

王晓伟指出，普京受命于危难之际，2000年至2008年连续两届担任俄罗斯总统时，他通过个人的政治能力和政治手段挽回了大国衰落的局面。任期将满，他通过指定接班人的方式将权力控制在自己手中，由此"梅普组合"形成。

王晓伟对俄罗斯政治格局的变化进行了深入分析，并对未来俄罗斯的政治走向进行了预测。他认为，从俄罗斯未来的发展来看，"梅普组合"的延续将有利于俄罗斯的重新崛起。

图为座无虚席的讲座现场

王晓伟预测，通过两人年龄上的"黄金接力"，"梅普"理论上可将这种政治组合延续至2036年。

提问环节中，同学们对中俄关系的发展表现出浓厚兴趣。王晓伟老师认为，目前美国、俄罗斯、中国在世界格局中形成三足鼎立的局面，俄罗斯希望看到一个稳定繁荣的中国，中国也期待看到一个强大发展的俄罗斯。

莫斯科大学副教授、中央党校政治学博士后
王晓伟做客北洋大讲堂

学期伊始，天津寒意未泯，同学们正从假期的欢愉渐渐回到紧张的学习中，天大学子的求知欲望和对国际时事的关注弥漫整个校园。2012年3月1日晚，大学生活动中心人头攒动，大家都到此争相一睹莫斯科大学副教授、中央党校政治学博士后王晓伟老师的风采。由青年文化促进会举办的"'梅普'组合与俄罗斯的政治走向"主题讲座在7点准时拉开序幕。

在主持人的带动下同学们用最热烈的掌声夹道欢迎王老师的到来，

王老师一进大学生活动中心就热情地向同学们挥手致意。主持人首先对王晓伟老师进行了介绍，在掌声中讲座正式开始。王老师先向大家简单介绍了俄罗斯的一些基本情况，包括俄罗斯的自然资源和人民的日常生活状况，王老师在讲述的过程中结合了他在俄罗斯学习生活的切身体验，向同学们形象生动地展示了俄罗斯的真实面貌。紧接着，王老师向同学们详细地讲解了"梅普"——梅德韦杰夫和普京在俄罗斯执政期间的成果和失误。其中包括"梅普制度"的形成、运行、发展方向以及俄杜马及总统选举等大家非常关注的问题。

在讲座过程中，王老师分析了梅德韦杰夫在当初选举中胜利的详细过程，以及当梅成为俄总统后的一系列举措；同时，他根据事实提出了自己关于"梅普组合"的前景分析，做出了一些可能性预测。王老师的演讲深入浅出，生动形象，使复杂的政治性问题大家能够迅速理解，足见王老师深厚的语言功底和对俄罗斯时政的独到见解。

在讲座的尾声，王老师总结说："'梅普组合'虽然有违反体制的特征，但是理论上仍然可以控制俄罗斯权力30多年。这里有普京历史机遇的原因，也与'梅普'与众不同的政治智慧有关，整体上有利于俄罗斯重新崛起。"

随后讲座进入到了提问阶段，天大学子提出了几个时事性问题，王老师耐心地一一为其详细解答，并提出了自己对天大学子的殷切希望。

最后，学生代表向王晓伟老师送上了精心准备的纪念品，讲座在一片热烈的掌声中圆满结束。

后记

> 用理智无法理解俄罗斯,
> 普通标准也无法衡量:
> 俄罗斯具有特殊的气质——
> 总是以神奇形式出现。
>
> ——19世纪俄罗斯著名诗人丘特切夫

观看一部名叫《意大利人在俄罗斯的奇遇》的电影是我对俄罗斯产生浓厚兴趣的开始。2000年至2008年,我有机会在莫斯科大学攻读硕士和博士学位。1999年,普京开始进入公众视野,到现在已近20年,其间我有多次近距离观察普京的机会。19年来,我坚持跟踪研究,不敢懈怠,也逐渐感觉"摸到"了他的"脉搏"。对俄罗斯各个阶层的接触,使我融入了这个异国环境。

记得刚到莫斯科时,正值大雪纷飞,一位陌生、热情的俄罗斯人帮助我把行李抬上了莫斯科大学的主楼,之后我开始经历了俄罗斯的很多"怪",比如"五月白雪盖""老车跑得快""餐厅无人剧院在""姑娘美丽展在外",等等。经过几年的适应与"批判",我逐渐理解了更多俄罗斯的"怪",实际上这个"怪"就是它的本质特点,如果不能走出过去的惯性思维,就无法真正剖析它,也不能真正理解其中的缘由。

俄罗斯仍是拥有重大影响力的世界大国，国土辽阔，资源丰富，发展潜力巨大，曾经是欧洲强国、冷战时期的超级大国，大国底蕴深厚。俄罗斯的GDP总量虽然跌出世界前10位，但是人均GDP仍然高于中国。看国家实力，不能仅看经济实力，还要看军事实力、科技教育实力、民族凝聚力、战略运筹能力、国际影响力等。即使看经济实力，也不能仅仅看以美元汇率计算的GDP，还要看资源禀赋、自给能力等。

当前的国内外舆论界存在一定的带着主观的排斥情绪视俄罗斯为无足轻重的"弱国"的看法，我认为，这与事实是严重不符、相去甚远的。美国前总统奥巴马曾经讲过"俄罗斯仅仅是二流甚至三流国家"，但是这并不是其真实想法，不然他也不会把俄罗斯视为"危险的战略对手"，竭尽全力地去打压俄罗斯了。特朗普也有轻视俄罗斯的言论，但是在他的首次国情咨文中却把俄罗斯列为头号威胁。今日的俄罗斯的确不再是超级大国，但是仍然拥有大国抱负、大国作为，是世界上屈指可数的重要战略引力源，经常能够以有限的投入赢得数倍的战略利益，仍然是名副其实的"世界级玩家"。正因为此，俄罗斯才有可能与中美共同构成当今世界最具影响力的"大三角关系"。

当前中俄关系处在历史最好水平，是全方位的战略协作伙伴关系，发展中俄关系，并非权宜之计，而是长期战略；并非出于功利目的，而是源于互惠互利。中俄两国同为新兴大国、非西方大国、美国的重点遏制对象国、联合国安理会常任理事国，这意味着，两国的战略需求、战略利益、战略理念与西方大国相比更为相近，从而可望构成战略协作的利益基础，特别是在维护和平稳定的国际环境、改变严重失衡的国际战略格局、构建体现新兴国家权益的新型国际秩序问题上，两国有着联手合作的巨大空间。

习近平主席2017年6月8日在阿斯塔纳会见普京时指出，在当前复杂多变的国际形势下，中俄关系发展得好，对中俄各自发展振兴、对世界和平稳定都至关重要。双方要加大在涉及彼此核心利益问题上的相互支持，推动"一带一路"建设同欧亚经济联盟对接取得更多实际成果，深化人文交流和民心相通，密切在国际和地区事务中的协调和配合。

我们必须切实深化对中俄两国共同战略处境、战略利益的战略认知，必须进一步增强战略互信，必须加强舆论引导、夯实两国关系的民意基础，必须以"多极制衡"方略运筹好中美俄"大三角关系"，争取实现三对关系的良性互动。党中央对俄关系方针高瞻远瞩，一切期望中华民族伟大复兴的爱国者都应当深入理解并主动配合党中央的外交战略运筹，为我国全球战略的运筹增添正能量。

我的博士生导师罗曼尼科教授，是一位严谨、豪放、可爱的老人。记得一个冬日，在莫斯科大学主楼下厚厚的雪地里，70多岁的导师竟然光着膀子，用雪来沐浴。记得他告诉我："我们不是在讨论普京吗？他很幸运，上学的时候有一位好老师（索布恰克），工作的时候遇到好领导（叶利钦），执掌国家的时候又遇到好油价。"现在我还想补充一句，普京不仅能力突出而且还是一位"福将"，最重要的一个总统任期又遇到了一个相对较好的环境，为何这么说？

普京已经居于俄罗斯权力中心近20年，他拥有的持续高支持率在大国领导人中是罕见的，作为政治家他无疑是非常成功的，俄罗斯人甚至把他当作国家和民族的象征。65岁对一个大国领导人来说正值"黄金时期"，普京一定会在可能是最后一个总统任期内"炉火纯青"地施展自己的抱负，他在2018年3月1日所作的《国情咨文》中提出，在2025年左右实现俄罗斯GDP增加50%、北极航道的货物吞吐量达到目前的10倍，这就是其未来施政计划的一个方面；近几年俄罗斯在军事外交方面斩获了明显的成绩，经济也开始恢复增长，内部环境有利；美国相对收缩的对外政策会给俄罗斯带来更多的外交拓展空间，减轻和解除制裁不是很遥远的事情。内外部都相对有利的环境，加上年龄上正值黄金时期，可

以预计他会做出非凡的成绩，但是西方不会坐视不管，还会设置重重障碍制造各种各样的麻烦，睿智和豪情万丈的普京是否能逾越重重险阻？我们拭目以待。

　　本书是我近几年俄罗斯问题研究的成果汇报，撰写书稿期间，年近70岁的老母亲丁宝玺不断地鼓励我，无微不至地关心我，令我非常感动。特别感谢王海运（中国驻俄罗斯前陆海空武官，少将军衔）对本书提出了许多指导意见；特别感谢中共中央党校的我的博士后合作导师刘春教授，在春节期间抽出大量时间审阅书稿，并对书稿结构提出了宝贵的修改意见。此外，常学路、刘金龙、彭斌、王芳、林龙圳、衣虹照等提供了策划支持，耿晶、江依文、陈金宇、刘山宝、刘俊鑫等做了大量的资料收集整理工作，中国言实出版社的领导和编辑同志为本书的编辑出版付出了辛勤的劳动，借此机会对他们表示由衷的感谢。

晓伟

2018年3月1日于北京